태도 다스리기 30일

데보라 스미스 피게 지음 | **김태곤** 옮김

Attitude
30 Days to a Great

생명의말씀사

30 Days to a Great Attitude
by Deborah Smith Pegues

Copyright © 2009 by Deborah Smith Pegues.
Published by Harvest House Publishers,
Eugene, Oregon 97402.
www.harvesthousepublishers.com
All rights reserved.

Korean Edition published by Word of Life Press, Seoul, 2010.
Translated and published by permission.
Printed in Korea.

태도 다스리기 30일

ⓒ 생명의말씀사 2010

2010년 8월 15일 1판 1쇄 발행
2010년 9월 15일   2쇄 발행

펴 낸 이	김창영
펴 낸 곳	생명의말씀사
등 록	1962. 1. 10. No.300-1962-1
주 소	110-101 서울 종로구 송월동 32-43
전 화	02738-6555 본사, 023159-7979 영업부
팩 스	02739-3824 본사, 080-022-8585 영업부

기획편집	전보아
디 자 인	박소정
제 작	신기원, 오인선, 홍경민
마 케 팅	이지은, 선승희, 박혜은
영 업	박재동, 김창덕, 김규태, 이성빈, 김덕현, 황성수
인 쇄	영진문원
제 본	정문바인텍

ISBN 978-89-04-15912-3

저작권자의 허락 없이 이 책의 일부 또는 전체를
무단 복제, 전재, 발췌하면 저작권법에 의해 처벌을 받습니다.

태도
다스리기
30일

프 | 롤 | 로 | 그

30일간의 태도 금식

"앨리스, 너 오늘 정학당했다며? 무슨 일 때문이니?" 앤이 조카딸에게 물었다.

"선생님이 저를 무시했어요. 사람들이 저를 무시하면 저도 똑같이 대해 줄 거예요." 하고 앨리스가 말했다.

겨우 11살이었지만 앨리스의 태도는 이미 굳어져 있었다. 그 아이가 어떻게 그런 사고방식을 갖게 되었을까? 앨리스는 할머니의 좌우명을 그대로 따라하고 있었다. "당신을 존중하지 않는 사람은 당신의 존중을 받을 자격이 없다."라는 좌우명이었다.

그렇다. 우리의 태도 프로그래밍은 일찍부터 시작된다. 종종 우리는 부모, 조부모나 가까운 사람들로부터 가장 좋지 않은 태도를 배우게 된다. 흔히 그들은 자신을 불공평한 삶의 희생자로 여긴다. 불행하게도 할머니는 그런 태도가 다른 사람들과의 관계를 망칠 수도 있음을 앨리스에게 말해 주지 못했다. 할머니 외에 다른 사람들의 반응이나 친구들, 읽은 책들, 직업 등 여러 가지 요인들도 앨리스의 태도 형성에 영향을 미칠 것이다. 그리고 매일의 삶에서 부정적인 경험에 부딪힐 때마다 어떻게 반응할지를 결정해야 할 것이다.

  본서에서는 바로 그런 내용을 다룬다. 긍정적인 태도 유지에 대한 내용이 아니다. 이 같은 주제에 대해서는 좋은 책들이 이미 많이 나와 있다. 여기서 '긍정적 사고'를 또 하나 소개하려는 것도 아니다. 그보다는 개인의 삶과 직장생활을 파괴시킬 수 있는 30가지 태도들을 살펴볼 것이다. 논의되는 각각의 태도에 대해 그 근본 원인, 인간관계에 미치는 영향, 그리고 그 손아귀에서 벗어나는 방법을 간략히 제시할 것이다. 특정한 태도를 보다 철저히 파악하려면 인터넷이나 지역 도서관을 활용하기 바란다.

본서에서는 특정 상황에서 보이는 태도에 대한 현대의 사례와 성경적인 예들을 소개할 것이다. 그리고 성경에 기초한 원칙, 깊이 있는 질문, 치유기도, 곧바로 행동으로 옮길 수 있는 실천적인 전략을 제시하여 부정적인 태도를 극복하도록 도와줄 것이다. 이 전략들은 간단하지만 항상 실천하기 쉬운 것은 아니다. 좋은 영적 리더와 멘토들을 만났고 성경 공부에 여러 해를 투자했음에도, 내가 지금까지도 떨쳐 버리지 못한 잘못된 태도들이 아직도 많다.

물론 이 태도들에 승리하는 법을 알고 있는 독자들도 있을 수 있다. 그러나 지식이 유일한 성공의 열쇠는 아니다. 우리는 변화에 몰두해야 한다. 불가피하게 마주치는 부정적인 상황에 대한 우리의 생각과 감정부터 변화될 필요가 있다. 저자이자 학습전문가인 캐롤린 리프 박사는 이렇게 요약했다.

"행동은 생각에서 시작된다. 생각은 감정을 자극하고, 감정은 태도를, 그리고 결국 행동을 낳는다. 몸속에서 일어나는 이 같은 전기화

학적 반응의 심포니는 우리의 생각과 감정에 영향을 미친다. 따라서 독이 있는 생각이 독이 있는 감정을 낳고, 독이 있는 감정은 독이 있는 태도를 낳으며, 그 결과 독이 있는 행동이 나타난다."[1] 생각, 감정, 태도, 행동……그렇다. 우리는 이 과정의 모든 단계를 다스릴 수 있다.

내가 평범할지 탁월할지, 불안할지 평온할지, 편협할지 관대할지, 또는 다른 어떤 습성을 드러낼지를 결정하는 것은 바로 나의 태도임을 마침내 깨달았다. 선택이 나의 몫이기에 나는 관계적으로, 감정적으로, 재정적으로, 신체적으로, 영적으로 삶의 모든 면에서 건전한 쪽을 택하기로 결심했다.

나의 태도 여행에 여러분을 초대한다. 모든 상황에서 올바른 태도를 드러내어 부정적인 세상의 어둠을 몰아내는 빛이 되는 것이 나의 소망이다.

---

[1] Caroline Leaf, *Who Switched Off My Brain?* (Dallas, TX: Switch on Your Brain USA Inc., 2008), p. 20.

30 Days to a Great
Attitude

목 | 차

프롤로그 30일간의 태도 금식 | 4

태 | 도 | 다 | 스 | 리 | 기 | 1
소망을 안겨 주는 태도 갖추기 15

제1일 냉담한 태도, 사교적인 태도 | 17
제2일 분노하는 태도, 용서하는 태도 | 22
제3일 무관심한 태도, 열정 있는 태도 | 26
제4일 잘난 체하는 태도, 겸허한 태도 | 32
제5일 다투는 태도, 온유한 태도 | 37
제6일 무시하는 태도, 존중하는 태도 | 42

태|도|다|스|리|기| 2
상처를 치유하는 태도 갖추기 47

제 7 일　방어적인 태도, 수용적인 태도 | 49
제 8 일　엘리트주의적인 태도, 영광 돌리는 태도 | 53
제 9 일　자격을 내세우는 태도, 감사하는 태도 | 57
제10일　운명론적인 태도, 주의 뜻에 따르는 태도 | 63
제11일　짜증내는 태도, 쾌활한 태도 | 67
제12일　비판적인 태도, 헤아리는 태도 | 72

태|도|다|스|리|기|3
관계를 열어 주는 태도 갖추기 79

제13일 조급한 태도, 인내하는 태도 | 81
제14일 시샘하는 태도, 칭찬하는 태도 | 85
제15일 교만한 태도, 겸손한 태도 | 90
제16일 편협한 태도, 관대한 태도 | 95
제17일 차별하는 태도, 포용하는 태도 | 100
제18일 완고한 태도, 유연한 태도 | 105

태|도|다|스|리|기|4
승리를 가져다주는 태도 갖추기 111

제19일 순교자인 체하는 태도, 순수하게 섬기는 태도 | 113

제20일 빈정대는 태도, 용납하는 태도 | 118

제21일 보복적인 태도, 하나님께 맡기는 태도 | 123

제22일 부족의 심리를 지닌 태도, 풍요의 심리를 지닌 태도 | 128

제23일 자기 의를 내세우는 태도, 자신을 낮추는 태도 | 133

제24일 뚱한 태도, 표현하는 태도 | 139

태|도|다|스|리|기| 5
삶을 풍성하게 하는 태도 갖추기 145

제25일 피해의식을 갖는 태도, 과거를 극복하는 태도 | 147

제26일 비관적인 태도, 낙관적인 태도 | 152

제27일 반항적인 태도, 순종적인 태도 | 158

제28일 이기적인 태도, 이타적인 태도 | 164

제29일 대충하는 태도, 탁월함을 추구하는 태도 | 169

제30일 통제하는 태도, 배려하는 태도 | 175

에필로그 당신의 태도, 당신의 선택 | 182
부록 1 태도에 관한 명언 | 188
부록 2 태도를 바로잡아 주는 성경 말씀 | 190

내 영혼아 네가 어찌하여 낙심하며 어찌하여
내 속에서 불안해하는가 너는 하나님께 소망을 두라
나는 그가 나타나 도우심으로 말미암아
내 하나님을 여전히 찬송하리로다 시 42:11

태|도|다|스|리|기| 1

소망을 안겨 주는
태도 갖추기

Attitude • 30 Days to a Great

Attitude 제1일

냉담한 태도, 사교적인 태도

"두 사람이 한 사람보다 나음은 저희가 수고함으로 좋은 상을 얻을 것임이라 혹시 저희가 넘어지면 하나가 그 동무를 붙들어 일으키려니와 홀로 있어 넘어지고 붙들어 일으킬 자가 없는 자에게는 화가 있으리라" 전 4:9-10

우리 모두는 혼자 이 세상에 나왔고, 태어날 때와 마찬가지로 훗날 혼자 떠날 것이다. 그러나 하나님은 어떤 사람도 고립되지 않기를 원하신다. 아담을 지으신 후 하나님은 자신의 일이 아직 끝나지 않았음을 암시하셨다. "여호와 하나님이 이르시되 사람이 혼자 사는 것이 좋지 아니하니 내가 그를 위하여 돕는 배필을 지으리라 하시니라" 창 2:18. 그래서 하와를 만드셨다. 독신 남자의 결혼을 독려하는 뜻에서 이 구절을 인용하는 사람도 있다. 그러나 이 구절은 남녀의 성이나 결혼 여부에 상관없이 우리 모두가 서로 의미 있는 관계를 맺도록 창조되었음을 뜻한다. 예수님도 매우 사교적인 분이었고, 결혼식이나 저녁 식사, 행사 등에 종종 참석하셨다.

뉴킹제임스 성경 NKJV에는 "서로" one another 라는 말이 146회 나온다. 우리가 유익과 만족을 나누는 생산적인 방식으로 서로 교류하는 것이 하나님의 신령한 계획이며 창조 목적이다. 그리고 우리에게는 다른 사람들과의 교류에서 주도적인 역할을 할 책임이 있다. "많은 친구를 얻는 자는 해를 당하게 되거니와 어떤 친구는 형제보다 친밀하니라" 잠 18:24.

냉담한 태도는 개인의 삶에는 물론이고 직장생활이나 사업에도 해롭다. 어떤 직업에서는 냉담한 태도가 관계 단절을 초래할 수 있다. 싸늘한 무관심으로 대하는 의사의 진료를 받아 본 적이 있는가? 그를 다시 보고 싶었는가? 그 의사에 대해 어떤 판단을 내렸는가?

감정적으로 싸늘했던 다른 서비스 종사자에 대해서는 어떤가?

최근에 나는 어느 가게에서 쇼핑을 하고 있었다. 내가 먼저 말을 붙이려 하는데도 그 점원은 매우 냉담했다. 인근에 비슷한 제품을 파는 가게들이 있다는 것을 알았던 나는 앞으로 다시는 그 가게에 가지 않겠다며 속으로 다짐했다.

때로는 내가 일부러 대화를 피하려고 냉담한 척하기도 한다. 이를테면, 비행기 내에서 조용히 책을 읽고 싶을 때 보통 그렇게 한다. 그럴 때 대개 나는 금방 후회하고 말을 건넨다. 주님에 대해 그리고 상대방의 영혼 상태에 대해 얘기할 기회를 살리지 못한 잘못을 성령께서 곧 깨닫게 하시기 때문이다. 어쩌면 당신은 다른 사람과의 거리를 두는 것을 정당화하고 있을지도 모른다. 당신이 기피하려 한 것은 무엇인가? 대화를 나눌 용기가 당신에게 없다는 것은 무슨 의미인가?

사회적 행동 가운데 부정적인 것들이 대부분 그렇듯이 냉담함도 어릴 때 습득된다. 냉담한 사람은 가족 내에서 또는 지혜롭지 못한 교사나 권위적 인물이나 비열한 급우들에게서 부정적인 일을 경험했을 수 있다. 잦은 전학, 버림받음, 냉담하고 쌀쌀한 부모, 급우들의 따돌림이나 괴롭힘이나 조롱 등이 그런 경험에 포함된다. 이 같은 경험은 "사람들과 연결되는 건 정말 괴로운 일!"이라는 생각을 굳히게 만든다. 그렇지만 하나님은 우리가 사람을 '위험한' 존재로 기피하는 것을 원하지 않으신다. 오히려 다른 사람들과의 관계를 부단히 모색하기를 바라신다. 일단 안전한 사람에게 마음 문을 열기 시작하면 냉담한 마음이 바뀌기 시작할 것이다.

나는 이 문제에 대한 해결책을 단순화하고 싶지 않다. 그래서 변하려는 강한 결단만으로는 충분하지 않음을 지적하려 한다. 우리에게는 하나님의 도우심이 필요하다. 누가복음 8:27-39은 많은 귀신들에게 붙들려 사회적으로나 영적으로 격리된 한 사람을 보여 준다. 그는 정상적인 인간관계를 맺을 수 없었다. 그러나 예수님을 만나 귀신들에게서 놓인 후에는 사람들과 교류할 수 있게 되었다.

"귀신 나간 사람이 함께 있기를 구하였으나 예수께서 그를 보내시며 이르시되 집으로 돌아가 하나님이 네게 어떻게 큰일을 행하셨는지를 말하라 하시니 그가 가서 예수께서 자기에게 어떻게 큰일을 행하셨는지를 온 성내에 전파하니라" 눅 8:38-39.

나는 냉담함이 악한 영의 영향에서 비롯된다고 말하는 것이 아니다. 그것은 주님에 의해 치유될 수 있는 정서적인 문제임을 말하고 싶다.

일단 하나님의 도우심을 구했다면 교회의 소그룹이나 당신에게 도움을 줄 수 있는 모임에 참여함으로써 당신의 믿음을 실천으로 옮기라. 만일 직장에서 사교적으로 고립되어 있다면 점심시간에 몇몇 동료들과 함께하려고 시도해 보라. 그들이 거절할 것이라고 생각하는가? 여러 가지 토론에 귀를 기울이며 동조하라. 당신의 생각을 함께 나누며, 반드시 모든 사람의 의견에 동의해야 한다고는 생각하지 말라. "내 관점은 달라요."라고 말할 수 있는 용기를 지니라. 딱히 내놓을 의견이 없다면 관심을 보이는 질문을 하라. 두려워서 자신의 껍질 속으로 물러나거나 친밀한 관계를 기피하려는 심리를 거부하라. 하나님은 우리가 교류하기를 원하신다.

오늘의 기도 30 Days to a Great Attitude

하나님 아버지, 제가 먼저 친절을 베풀 수 있도록 하시며, 정기적으로 교제할 만한 사람들을 찾도록 도와주소서. 그래서 주님이 보내 주신 사람들과 아름다운 교제를 나누게 하소서. 예수님의 이름으로 기도합니다. 아멘.

Attitude
제2일

분노하는 태도, 용서하는 태도

"너희는 모든 악독과 노함과 분냄과 떠드는 것과 비방하는 것을
모든 악의와 함께 버리고" 엡 4:31

"분노는 이차적인 감정이다. 우리는 분노를 유발하는 일차적인 감정을 밝혀야 한다." 2008년에 세상을 떠난 성령 충만한 가족상담가였던 내 친구 아브라 에젤이 한 말이다. 이 말은 내 기억 속에 늘 남아 있을 것이다. 이 일차적인 감정들은 외부 사건에 대한 내적인 반응이다. 이들은 상심, 모욕감, 실망, 낙심, 멸시당하는 느낌, 무시당하는 느낌, 기만당하는 느낌 등을 포함한다.

부정적인 상황에 대한 감정적인 반응을 지연하는 것이 좋지 않을까?

태도 다스리기 30일

예를 들어, 당신의 결혼기념일을 다른 부부들과 함께 축하할 계획을 몇 달 전에 세워 두었다고 하자. 당신은 오랜 우정에 감사하는 표시로 영화표를 구입했고, 영화를 보기 전에 저녁 식사도 하려고 예약했다. 근사한 시간이 될 것이라고 당신은 기대에 부풀어 있다.

그런데 결혼기념일 전 날, 한 부부에게서 전화가 걸려 온다. 예기치 않게 친구들이 멀리서 찾아왔는데 그들과 함께 참석해도 되느냐는 것이다. 물론 당신은 본서의 "제18일 완고한 태도, 유연한 태도"를 읽지 않았고, 따라서 즉시 곤혹스러운 감정을 드러낸다. 당신 부부는 전화한 부부를 무척 좋아한다. 하지만 그들은 이미 정해진 계획을 끝에 가서 바꾸기 일쑤여서 굳게 단합된 그룹을 실망시키곤 한다.

이제 당신은 어떻게 해야 할까? 기존 친구들과 함께 추억을 남기려 했기 때문에 낯선 부부를 초대하고 싶지 않다고 그 부부에게 말해 줄 수 있다. 아니면 그들을 합류시켰다가 나중에 식당 종업원이나 영화관 직원, 심지어 그 낯선 부부에게 화를 낼 수도 있다.

이 경우는 분노하는 태도를 취하기가 얼마나 쉬운지 보여 준다. 지혜롭지 못한 부모, 입버릇 사나운 배우자, 또는 비열한 고용주로 인해 경험하는 더 심각한 상처도 물론 있다. 이런 상처를 그대로 방치

하면 그 고통스러운 일을 떠올리게 하는 사람에게 분노하는 태도가 형성되기 쉽다. 분노하는 모습을 보는 사람은 당신의 행동에 대해 매우 비판적일 수 있다. 그리고 당신의 근본적인 고통을 이해하려는 최소한의 노력도 없이 당신을 멀리할 수 있다.

어쨌든 분노에 집착하면 무슨 유익이 있겠는가? 이런 말이 있다. "당신이 화나 있는 1분마다 60초간의 행복을 잃게 된다." 분노하는 태도는 개인적인 발전과 직업상의 발전을 저해한다. 또한 분노를 품으면 화나게 하는 대상에게 당신의 힘을 빼앗긴다. 그 힘을 되찾자. 하나님은 당신이 평안하기를 원하신다. "너희는 모든 악독과 노함과 분냄과 떠드는 것과 비방하는 것을 모든 악의와 함께 버리고 서로 친절하게 하며 불쌍히 여기며 서로 용서하기를 하나님이 그리스도 안에서 너희를 용서하심과 같이 하라" 엡 4:31-32.

다음과 같이 하면 분노에서 벗어나는 데 도움이 될 것이다.

- 분노의 뿌리에 자리 잡은 일차적인 상처나 감정이 무엇인지 자각하라.
- 당신의 분노가 어떻게 표출되고 있는지 깨달으라(무례하거나 상스러운 언행 등).

- "하나님 아버지, 감사합니다." 또는 "이제 주님의 평안으로 평안하기를 원합니다."라는 고백과 함께 숨을 깊이 들이마심으로 분노를 절제하라.
- 당신을 화나게 했던 사람과의 대화에서만이 아니라, 당신이 하는 모든 대화에서 사용하는 말투나 표현을 살펴보라. 요구하기보다는 부탁하라. 그러면 자신감이 더해지는 것을 느낄 것이다. 그리고 사람들이 당신과 협력하려 할 것이다.
- 용서하기로 결심하라. 당신이 용서한다는 것은 가해자의 처벌을 더 이상 원하지 않음을 뜻한다. 피해 사실을 계속 얘기하여 상처 부위를 자꾸 건드리면 결코 치유가 이루어지지 않을 것이다. 당신에게는 보혜사 성령이 계신다.
- 보다 단호한 실행이 필요하다면 상담가를 만나 볼 수도 있다.
- 당신의 옛 행동을 부추기는 보복적이거나 부정적인 사람을 피하라.

오늘의 기도 30 Days to a Great Attitude

하나님 아버지, 모든 분노와 쓴 감정을 내버리도록 그리고 제게 상처를 주는 모든 사람을 용서하도록 도와주소서. 모든 부정적인 상황 속에서 영적, 정서적 성장을 위한 기회를 보여 주소서. 예수님의 이름으로 기도합니다. 아멘.

무관심한 태도, 열정 있는 태도

"자녀들아 우리가 말과 혀로만 사랑하지 말고 행함과 진실함으로 하자" 요일 3:18

한 고등학교 사회 교사가 어느 날, 학생들의 무관심에 실망한 나머지 몹시 화가 나서 칠판에다 '무관심!'이라고 크게 썼다. 어찌나 세게 썼는지 분필이 부러질 정도였다. 늦게 등교하여 맨 앞자리에 앉은 두 학생이 여느 때처럼 무관심한 표정으로 교사를 물끄러미 쳐다보았다. 한 학생이 옆에 있는 학생에게 "저기 뭐라고 쓴 거야?"라고 묻자, 그 학생은 "알게 뭐야." 하고 시큰둥하게 대꾸했다.

혹시 당신의 태도가 이와 같지는 않은가? 자신의 삶에 너무 집중하고 있어서 다른 문제에는 별로 관심이 없지는 않은가? 우리의 동정심, 열정, 동기부여를 마비시킬 수 있는 몇 가지 요인들을 살펴보자.

목표가 없을 때

바라는 것이나 목표가 없을 때 무관심에 빠져든다. 당신의 흥미를 자극했던 것이 무엇인가? 무엇이 그 흥미를 사라지게 했는가? 그것에 다시 열정을 불붙일 수 있는가? 지금 시작할 수 있는 무엇인가를 적어 보라. 어느 정도의 비용이 들지 또는 과연 제대로 될지에 대해서는 생각하지 말라. 비록 작은 일일지라도 단지 무엇인가에 대해 소망과 열정을 느끼도록 하라.

목표가 잘못되었을 때

누군가에 의해 강요된 목표를 추구할 때 동기부여가 결여될 가능성이 많다. 싫어하는 과목을 억지로 공부하는 것이 그런 경우가 될 수 있다. 또는 물고기에게 삼켜지기 전의 요나처럼 하나님의 뜻을 거스를 수도 있다. 최근에 당신은 하나님과의 관계를 점검해 본 적이 있는가? 과연 지금 하고 있는 일이 하나님의 인도에 따른 것인가? 또는 삶의 특정한 시기를 위한 하나님의 계획이 이루어졌을 수도 있다. 계속 나아가는 것이 때로는 힘들지만, 하나님의 완벽하신 뜻에 순종하는 삶의 기쁨과 평안을 잊지 말아야 할 것이다.

영적으로 무관심한 상태일 때

하나님을 향한 사랑이 시들면 그분에 관한 일들이 자연히 관심 밖으로 밀려날 것이다. 지구촌의 구호 개발 등을 목적으로 조직된 기독교 인도주의 단체인 월드비전의 설립자 밥 피어스는 이렇게 기도한 적이 있다. "하나님이 가슴 아파하시는 것들에 저도 가슴 아프기를 원합니다."[2] 이웃을 사랑하며 돌보는 것은 하나님의 최우선순위에 해당한다.

"내 이웃이 누구니이까" 눅 10:29 하고 묻는 율법사에게 예수님은 한 비유를 들어 말씀하셨다 눅 10:25-37. 여리고로 가는 길에 강도를 만나 빈사 사태로 쓰러져 있던 유대인에 관한 비유였다. 제사장 하나가 그

---

[2] Richard Stearns, *The Hole in Our Gospel* (Nashville: Thomas Nelson Publishers, 2009), p. 9.

광경을 보고 슬그머니 피하여 지나쳤다. 레위인도 마찬가지였다. 반면에 멸시 대상이던 한 사마리아인은 그 사람의 상태를 보고 적극적으로 도와주었다. 그의 상처를 싸매고 주막으로 데려가서 며칠 분의 숙박료를 미리 지불해 주었다. 예수님은 계속 설명하기를, 하나님 사랑이 이웃 사랑으로 이어져야 한다고 하셨다. 그리고 우리의 이웃이란 '우리의 도움을 필요로 하는 모든 사람'이라고 하셨다.

위의 제사장과 레위인이 무관심했던 이유는 무엇일까? 그들 자신의 일정에만 너무 몰두해서 그런 것이 아닐까 싶다. 혹은 강도 만난 사람을 돌보려면 너무 많은 시간과 돈이 들 것이라는 생각에 그 자리를 피했을 수도 있다.

전 세계적으로 수백만의 아이들이 굶주리고 있다는 얘기를 들을 때 나는 기가 질리곤 했다. 그럴 때 누군가가 나에게 극빈 아동 하나를 후원하라고 권면했다. 나의 후원을 받은 아이가 훗날 많은 사람들에게 영향을 미칠 수 있을 것이다. 어떤 핑계를 대든 간에 아무것도 하지 않으면 하나님의 인정을 받지 못한다. "누가 이 세상의 재물을 가지고 형제의 궁핍함을 보고도 도와줄 마음을 닫으면 하나님의 사랑이 어찌 그 속에 거하겠느냐 자녀들아 우리가 말과 혀로만 사랑하지 말고 행함과 진실함으로 하자"요일 3:17-18. 이 권면이 말하고자 하는 것은 간단하다. "무엇인가를 하라!"이다.

다른 사람을 섬기는 것보다 더 가치 있는 일은 없다. 삶의 열정을 잃었다는 것은 다른 누군가를 섬길 수 없음을 뜻한다. 지금 이 순간 무관심에 대항하여 싸워야 한다. 아래의 목록에서 2주 내에 당신이 실천할 수 있는 목표를 세워 보라.

▶ 영적 목표 :
(예 : 매일 아침 나라와 교회, 가족 등을 위해 15분 동안 기도하기)

▶ 관계적 목표 :
(예 : 가족, 친구, 지인들과 연락을 주고받을 수 있는 인터넷 사이트에 가입하여 옛 친구들과 연락하며 지내기)

▶ 신체적 목표 :
(예 : 하루에 5km씩 걷기)

▶ 직업적 목표 :
(예 : 무료 온라인 강좌를 듣고 마이크로소프트 워드에 능수능란해지기)

위의 예들은 목표를 향해 나아가게 할 수 있는 간단한 활동들이다. 굳이 돈을 들일 필요가 없으며 열심만 내면 된다. 삶의 열정에 다시 불을 지피라. 하나님의 은혜로 당신 안에 쌓인 것을 필요로 하는 사람들이 있다. 그들 안에 쌓인 것을 당신도 필요로 한다. 무관심의 벽을 깨트릴 때이다!

오늘의 기도 30 Days to a Great Attitude

하나님 아버지, 주님으로부터 멀어진 것을 용서해 주시고, 다른 사람들을 섬길 수 있었음에도 무관심하게 지나쳤던 것을 용서하소서. 삶에 대한 열정을 회복시켜 주시고, 다른 사람들의 어려움을 긍휼히 여기는 마음을 허락하소서. 예수님의 이름으로 기도합니다. 아멘.

Attitude
제4일

잘난 체하는 태도, 겸허한 태도

"서로 마음을 같이하며 높은 데 마음을 두지 말고
도리어 낮은 데 처하며 스스로 지혜 있는 체하지 말라" 롬 12:16

"원시인도 할 수 있을 만큼 쉬워요!"

미국 자동차보험회사인 가이코GEICO가 익살스러운 TV광고로 이 문구를 널리 알렸다. 그 광고에는 현대 문화에 동화되려고 애쓰는 우스꽝스러운 원시인들이 나온다. 이 광고는 마치 거기서 선전하는 상품을 갖지 못하면 바보가 된 것 같은 느낌을 받게 한다. 광고를 보고 한바탕 웃고 지나갈지도 모르겠지만, 잘난 체하는 태도는 그냥 웃어넘길 문제는 아니다. 그런 태도는 사람들에게 상처를 준다. 자존심을 건드린다. 자신감이 없는 사람에게는 특히 그렇다. 물론 잘난 체하는 사람들은 대부분 자신감이 없다.

사회적으로나 지적으로 우월한 체하는 것은 존중심과 은혜와 품위가 결여되었음을 보여 준다. 잘난 체하는 사람들은 대부분 지식과 기술이 뛰어나다. 하지만 기본적인 대인기술에 무지한 까닭에 성공하기 힘들고, 인간관계가 엉망이 된다. 높은 지능을 가진 사람의 눈에는 대부분의 사람들이 저능아로 보이며, 명석한 사람은 저능아의 더딘 생각을 참지 못하는 경우가 많다.

높은 학식을 지녔던 사도 바울은 많은 지식과 부유한 유산 때문에 빠질 수 있는 함정을 잘 알고 있었다. 그래서 이렇게 주의시켰다. "누가 너를 남달리 구별하였느냐 네게 있는 것 중에 받지 아니한 것이 무엇이냐 네가 받았은즉 어찌하여 받지 아니한 것같이 자랑하느냐" 고전 4:7. 바울 같은 사람은 자신의 지력과 경험이 하나님의 선물임을 분명히 깨닫고 있었다. 다음의 당부도 그런 자각에서 비롯된 것이다. "서로 마음을 같이하며 높은 데 마음을 두지 말고 도리어 낮은 데 처하며 스스로 지혜 있는 체하지 말라" 롬 12:16. 이것은 잘난 체하지 말고 겸손해지는 법을 배우라는 당부이다.

개인적으로나 직업상의 인간관계에서 흔히 사용되는 잘난 체하는 표현들을 살펴보자. 그리고 효과적인 의사소통을 위해 이것들을 고칠 수 있는 법을 생각해 보자.

"내가 간단히 해결해 줄게요."

나는 공인회계사로서 교회 재정위원들에게 재정적으로 자문해 줄 수 있다. 그들에게 기술적인 정보를 제공할 때 "쉽게 할 수 있는 방법이 있는지 어디 한번 봅시다."와 같은 말을 사용하지 않도록 주의해야 한다. 물론 정보를 가능한 한 쉽게 이해하도록 만드는 것이 나의 목표이다. 하지만 여러 해 동안 인간 행동을 연구한 결과, 나는 그런 말이 다음과 같이 해석될 수 있음을 알게 되었다. "여러분은 지적으로 열등하군요. 이것을 파악하려면 여러분은 지적인 훈련을 해야 합니다." 따라서 "제가 잘 파악하지 못하는 부분이 있나 한번 봐도 될까요?"라는 표현을 쓰는 것이 낫다.

"그건 이미 나온 얘기예요."

브레인스토밍 회의에서는 중복된 의견이 제시될 수 있다. 자신의 의견을 내는 데 골몰하느라고 원래의 제안을 듣지 못하는 경우도 있다. 그럴 때 "그건 우리가 이미 생각한 내용이에요."라고 말하지 말라. 그 말을 들은 사람의 입장에서는 "당신은 뒷북치고 있군요. 당신보다 우리 머리가 더 빨리 돌아가네요."라는 뜻으로 해석할 수 있다. 차라리 "고마워요. 좋은 생각은 서로 통하나 봐요. 우리도 그런 제안을 고려하고 있는 중이에요."라고 말하라.

"나도 다 알아요."

당신이 이미 경험한 사실이나 의견을 얘기하는 사람에게 "이미 저도 다 해봐서 알아요."라는 식으로 퉁명스럽게 묵살하지 말라. 그것은 "쓸데없는 생각이에요!"라고 말하는 것과 똑같다. 그냥 간단하게 "좋은 정보를 줘서 고마워요."라고 말하라.

나중에라도 잘난 체하는 말을 한 것을 깨달았다면 되도록 빨리 사과하고 당신의 의도가 무엇이었는지 설명해 주라. "미안해요. 잘난 체하려는 건 아니었어요. 다만 우리의 논의를 명확하게 하고, 서로 같은 견해임을 분명히 밝히고 싶었던 것뿐이었답니다."

잘난 체하는 말을 주의하려면 기도와 훈련이 필요하다. 여기서도 황금률을 지도 원칙으로 삼아야 한다. 당신이 하려는 말을 다른 사람에게서 듣는다면 어떤 기분일지를 생각하라.

오늘의 기도 30 Days to a Great Attitude

하나님 아버지, 제가 아는 모든 것과 저의 모든 소유가 다 주님의 선물임을 겸손히 시인합니다. 다른 사람들을 넘어뜨리는 말이 아니라, 다른 사람들을 세울 수 있는 지혜로운 말을 가르쳐 주소서. 예수님의 이름으로 기도합니다. 아멘.

Attitude

다투는 태도, 온유한 태도

"주의 종은 마땅히 다투지 아니하고 모든 사람에 대하여
온유하며 가르치기를 잘하며 참으며" 딤후 2:24

"내가 무슨 말을 하든 아내는 항상 '하지만'이라고 토를 달아요. 심지어 우리 둘 다 별로 관심도 없는 문제를 논의할 때도 마찬가지예요. 난 아내가 왜 그렇게 다투기를 좋아하는지 모르겠어요!"라고 조지가 말했다. 나는 그의 아내를 알고 있었다. 그래서 그녀가 다투는 것을 좋아하는 여자라는 데 말없이 동의했다. 그의 처지를 들으면서 "다투는 여인과 함께 큰 집에서 사는 것보다 움막에서 혼자 사는 것이 나으니라" 잠 25:24는 구절이 떠올랐다.

결혼한 여자여, 들어보라. 만일 남편이 정서적으로 움막에 틀어박혀 대화를 중단했다면 당신의 태도 때문에 그렇게 된 것이 아닌지 생각해 보라. 과연 당신은 대화하기 쉬운 상대인가? 이해하려는 마음으로 남편의 말에 진정으로 귀를 기울이는가? 아니면 그의 행동을 즉석에서 판단해 버리는가? 당신의 태도가 가정의 향기를 좌우한다. 유쾌한 향기가 나게 할 수도 있고 악취가 나게 할 수도 있다.

평안하고, 유쾌하고, 서로의 다름을 용납하며, 솔직한 대화를 나누는 가정 분위기를 만드는 것이 30여 년에 걸친 나의 기쁨이었다. 남편과 남편의 목표를 지지하고 격려하려고 온갖 노력을 다 기울였다. 굳이 잔소리를 할 필요가 없었다.

"다투는 여자는 비 오는 날에 이어 떨어지는 물방울이라" 잠 27:15.

남편들도 언쟁을 좋아할 수 있지만, 그런 태도는 여자들에게서 더 흔한 편이다. 물론 나는 가정의 영적 리더로서 가족을 사랑하고 지키며 부양해야 하는 남편의 책임을 등한시하는 것이 아니다. 이런 책임을 회피할 때 아내의 언쟁이 가장 심해질 것이다.

언쟁은 상대방만이 아니라 모든 사람들을 성가시게 한다. 재미있는 범퍼 스티커 문구에 대해 들은 적이 있다. "모든 것을 안다고 생각하는 사람들끼리는 특히 더 껄끄럽다."

물론 잔소리 심한 아내들만이 잘난 체하는 태도를 드러내기 쉬운 것은 아니다. 쓸모없는 존재가 될까 봐 두려워하는 노인들도 그런 태도를 많이 보인다. 그들은 아직 우월한 수준의 지식이 자신에게 있음을 입증해 보이려고 애쓴다. 여러 교파들 간에도 자신의 신앙을 내세우려고 언쟁을 일삼는 사람들이 많다. 심지어 교파 내에서도 그렇다. 성인 주일학교에서 주먹다짐 직전까지 갔던 사람들도 있다. 다툼을 통해 얻을 수 있는 유익은 전혀 없음을 그들은 배워야 한다.

당신은 어떠한가? 토론 때마다 당신이 꼭 마무리를 해야 하는가? 무슨 논쟁에나 끼어들고 싶은가? 다투는 태도에 대한 하나님의 입장은 분명하다.

"어리석고 무식한 변론을 버리라 이에서 다툼이 나는 줄 앎이라 주의 종은 마땅히 다투지 아니하고 모든 사람에 대하여 온유하며 가르치기를 잘하며 참으며" 딤후 2:23-24.

이 구절은 다투는 태도를 극복하기 위한 4가지 핵심 전략을 보여 준다.

"다투지 아니하고"

무익한 언쟁이 다툼을 일으킨다. "다투는 시작은 둑에서 물이 새는 것 같은즉 싸움이 일어나기 전에 시비를 그칠 것이니라" 잠 17:14. 이미 확고한 신념을 굳힌 자와 왜 논쟁하는가? 정보의 씨앗을 조용히 상대방의 마음에 심어 주고, 그 문제를 하나님께 맡기라. 수용적인 마음을 갖게 하실 수 있는 분은 하나님뿐이다.

"모든 사람에 대하여 온유하며"

의견 차이를 보이는 사람에게 적대적으로 대하거나 거만하게 굴거나 불쾌해할 필요가 없다. 무엇이 당신을 그처럼 매정하게 만드는가? 당신의 가치를 입증하기 위해 상대방의 허물을 증명해야만 하는가? 논의 주제가 당신의 삶에 별다른 영향을 미치지 않는 것이라면 상대방의 의견을 존중해 주는 법을 배우라.

"가르치기를 잘하며"

지식으로 무장하고 그것을 조리 있게 설명할 수 있도록 하라. 그러나 그 지식을 다른 사람을 설복시키는 데 사용하지는 말라. 또한 가르치는 능력이 배움의 자세를 배제하지는 않음을 명심하라.

"참으며"

상처나 실망이나 환멸이 당신의 독단적인 태도에 불을 지필 수 있음을 솔직히 인정하라. 해소되지 않은 분노로부터 벗어날 수 있는 용기와 힘을 달라고 하나님께 간구하라.

오늘의 기도 30 Days to a Great Attitude

하나님 아버지, 주님은 다투지 말라고 말씀하셨습니다. 그래서 제가 지금까지 했던 모든 언쟁들을 회개합니다. 저를 평화의 도구로 삼으시기를 간구합니다. 그래서 저를 통해 나타나는 주님의 진리를 사람들에게 전하게 하소서. 예수님의 이름으로 기도합니다. 아멘.

Attitude
제6일

무시하는 태도, 존중하는 태도

"나를 존중히 여기는 자를 내가 존중히 여기고
나를 멸시하는 자를 내가 경멸히 여기리라" 삼상 2:30

이 책을 쓰기 전 각 장에서 다루어지는 태도가 먼저 나에게 해당되지는 않는지 점검했다. 어떤 상황에서 내가 무시하는 모습을 보인다는 사실을 파악하는 데에는 불과 몇 분밖에 걸리지 않았다. 나의 사례를 두어 가지 소개하겠다.

한번은 사리에 맞지 않는 말을 하고, 구체적인 증거도 없이 주장만 내세우는 사람에게 내가 무시하는 태도를 보였다. 나는 그런 사람을 싫어한다(아마 독자들도 마찬가지일 것이라고 생각한다). 나는 그런 멍청이와 논쟁하고 싶지 않아서 그를 외면했다. 또 다른 경우는, 상대방이 사리에 맞는 말을 했으나 당시에 내가 너무 심한 스트레스를 받고 있어서 나를 방어하기 위해 그를 무시해 버렸다.

논의되는 주제나 논의자를 기피하는 마음에서 무시해 버리는 태도를 보이는 사람들도 있다. 예를 들어, 내가 두 친구들과 함께 해변을 걷고 있었다. 편의상 그들의 이름을 론다와 샐리로 지칭하자. 론다는 해 뜰 무렵의 캘리포니아 해안선이 너무나 아름다웠다고 말했다.

"다음에는 그 순간을 꼭 카메라에 담아."라고 샐리가 대꾸했다.

그러자 론다는 "그렇게 심각하게 한 말이 아닌데."라고 말했다.

나는 샐리의 제안이 묵살당한 것 같은 느낌을 받았다. 물론 샐리는 과도하게 참견하는 습관이 있기는 하다. 하지만 굳이 론다가 그런 반응을 보일 필요는 없었다.

종종 남편들은 아내의 관심사를 무시한다. 이런 태도가 서로의 관계를 무너뜨릴 수 있다. 존과 마지 부부가 회사 사교 모임에서 돌아온 후에 나누었던 다음 대화를 생각해 보라.

"아까 보니까 베티가 당신이랑 시시덕거리는 것 같던데?" 하고 마지가 말했다.

"제발 좀 불안해하지 마!" 하고 존이 대꾸했다.

존은 이렇게 말할 수도 있었다.

"아, 난 전혀 모르고 있었네. 설령 그랬더라도 내게는 당신이 전부야."라고 했었다면 분위기가 한결 부드러워졌을 것이다.

만일 당신이 관리자이거나 높은 위치에 있다면, 수하 사람들의 의견에 어떤 반응을 보일지에 유의해야 한다. 당신의 반응이 전체적인 사기나 생산성에 악영향을 미칠 수 있기 때문이다. 설령 어떤 사람이 쓸모없어 보이는 아이디어를 내더라도 그 자리에서 묵살하지 말라. "그건 소용없어요."보다는 "의견을 내줘서 고마워요."가 훨씬 더 나은 반응이다.

어떤 관계에서든 무시하는 태도는 "당신의 감정이나 의견은 중요하지 않아요." 또는 "나는 당신이나 당신의 생각에 관심이 없어요."와 같은 메시지를 전해 준다. 이런 메시지는 존중받고 싶은 욕구를 상하게 한다. 자신이 특별한 배려를 받을 권리를 지녔다고 믿을 경우에는 특히 그렇다.

사무엘상 25장에 나오는 나발과 다윗의 이야기가 좋은 예이다. 나발은 자신이 양털을 깎는 곳으로부터 약간 떨어진 성읍에 사는 거부였다. 사울 왕의 진노를 피해 다니던 시기에 다윗과 600인은 나발의 양떼 먹이는 곳 근방에 진을 쳤다. 그들은 나발의 양떼를 지키는 방어벽 역할을 해주었다. 훗날 그들에게 식량 지원이 필요했을 때 다윗은 나발에게 사람을 보내어 도움을 청했다. 나발의 양떼와 목자들을 지켜 주었던 사실도 상기시키게 했다. 그러나 나발은 그의 이름 뜻처럼 우둔한 반응을 보였다.

"나발이 다윗의 사환들에게 대답하여 이르되 다윗은 누구며 이새의 아들은 누구냐 요즈음에 각기 주인에게서 억지로 떠나는 종이 많도다 내가 어찌 내 떡과 물과 내 양털 깎는 자를 위하여 잡은 고기를 가져다가 어디서 왔는지도 알지 못하는 자들에게 주겠느냐 한지라" 삼상 25:10-11.

그의 무시하는 태도가 가족 전부를 몰살시킬 뻔했다. 나발의 반응을 전해들은 다윗은 나발과 관련된 모든 것을 멸하려 했다. 나발의 아름답고 지혜로운 아내 아비가일의 중재가 없었다면 그렇게 되었을 것이다. 그녀는 다윗의 군대를 위해 신속하게 음식을 마련했다. 그리고 나발을 멸하러 가는 다윗을 길에서 만나 간곡히 용서를 구해 마침내 다윗의 분노가 가라앉았다.

당신이 다른 사람들에게 무시하는 태도를 보이면 그들은 당신에게 불쾌감을 표현할 방법을 찾을 것이다. 자신의 행동을 더 잘 이해함으로써 관계상의 파멸을 피할 수 있다. 사람들은 저마다 미뢰 taste bud 처럼 개별적인 의견과 욕구와 생각을 지니고 있다. 생각이나 행동 면에서 자신과 다른 사람을 무시해서는 안 된다. 자신의 틀에서 벗어나 다른 사람들의 관심사를 충분히 이해하고 검토하기 위해 모든 노력을 기울여야 한다. 그 결과 큰 유익을 얻을 것이다.

오늘의 기도 30 Days to a Great Attitude

하나님 아버지, 다른 사람들을 무시했던 저를 용서해 주소서. 주님의 도우심으로 제가 사람들의 음성에 지혜롭게 귀 기울이기를 원합니다. 예수님의 이름으로 기도합니다. 아멘.

그가 네 모든 죄악을 사하시며 네 모든 병을 고치시며
네 생명을 파멸에서 속량하시고 인자와 긍휼로 관을 씌우시며
좋은 것으로 네 소원을 만족하게 하사
네 청춘을 독수리같이 새롭게 하시는도다 시 103:3-5

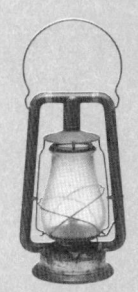

태|도|다|스|리|기 2

상처를 치유하는
태도 갖추기

30 Days to a Great

Attitude

방어적인 태도, 수용적인 태도

"훈계받기를 싫어하는 자는 자기의 영혼을 경히 여김이라
견책을 달게 받는 자는 지식을 얻느니라" 잠 15:32.

"샐리, 네가 매리에게 좀 심했던 것 같아. 다른 팀원들 앞에서 꾸지람을 들어서 매리가 많이 당황했을 거야."

게일은 적절한 말을 찾으려고 애쓰고 있었다. 샐리가 피드백을 얼마나 거부하는지를 그녀는 잘 알고 있었다. 샐리가 이의를 제기하기 전까지는 게일이 먼저 입을 열기 힘들었다.

"아니야, 넌 이해를 못하고 있어. 그게 말이야……."

'또 시작이군.' 하고 게일은 생각했다. 샐리는 자신의 행동을 언제나 정당화한다. 게일은 샐리를 친한 친구로 여겼지만 솔직히 그녀의 방어적인 태도에는 신물이 나 있었다.

샐리는 목자의 신분에서 이스라엘 왕의 자리까지 올랐던 다윗과 예리하게 대조된다. 자신의 불경건하고 어리석은 행동을 정당화할 수도 있었던 상황에서 다윗은 자신의 잘못을 신속히 시인했다. 예를 들어, 사울 왕의 진노를 피해 다니던 때에 한 제사장의 도움을 구했다. 그 결과 85인의 제사장들과 그 가족들까지 사울의 지시로 살해당했다. 다윗은 너무나 당황스러웠지만 방어적인 태도를 보이지 않았고 살해당한 제사장의 아들에게 이렇게 말했다. "네 아비 집의 모든 사람 죽은 것이 나의 연고로다"삼상 22:22. 그토록 비극적인 결과에 대해 철저히 책임지려 했다. 또한 밧세바와 간음하고 그녀의 임신 사실을 감추기 위해 그 남편을 죽음으로 몰아넣었던 죄악을 선지자 나단이 지적했을 때에도, 다윗은 "내가 여호와께 죄를 범하였노라"고 말했다삼하 12:13.

당신도 그렇게 시인할 만큼 정서적으로나 영적으로 성숙한가? 아니면 비판이나 소외 또는 거부를 당할까 봐 두려워서 자신의 행위를 늘 옹호하려는 경향이 있는가? 누군가가 피드백을 제안할 때 종종 당신은 비난받는다고 느끼는가? 당신의 반응은 어떠한가? 아무 말 없이 자리를 피하는가? 상대방에게 반격을 가하는가? 비꼬는 태도를 보이는가?

스포츠에서든, 전투에서든, 인간관계에서든 방어적인 사람은 상대방으로부터 무엇인가를 지키려 한다. 내 경험으로 볼 때 자존감이 낮은 사람은 다른 사람들의 비판으로부터 자신을 지키려는 경향이 있다. 물론 우리 모두가 때로는 방어적이다. 하지만 그것이 삶의 패턴으로 굳어졌다면 아래의 조언을 따르는 것이 지혜로울 것이다.

- 자신을 찬찬히 돌아보고 자신의 행동을 정당화하려는 경향이 있는지 살펴보라.
- 방어적인 몸짓언어를 주의하라. 예를 들어, 어떤 사람의 얘기를 들을 때 팔짱을 끼고 있는 것은 그의 말을 거부함을 무의식적으로 드러내는 동작이다. 긍정적인 몸짓언어를 사용하라(열심히 귀를 기울이면서 즐거운 표정을 짓는 것처럼 말이다).
- 심호흡을 하며 조용히 이렇게 기도함으로 불안감을 물리치라. "주님, 이제 저는 주님의 힘을 의지합니다."
- 당신의 행동을 진정으로 정당화할 수 있는 경우에는 감정에 치우

치지 않은 채로 차분하게 얘기하라. 만일 당신이 진정으로 용감하다면 당신이 방어적인지를 믿을 만한 친구나 동료에게 물어보라. 그렇다는 대답을 들으면 방어적인 태도를 버리라.

- 당신을 질책하는 자를 비난하지 말라. 그 상황에서 자신은 어떻게 하겠는지를 상대방에게 물어보라. 그의 조언에 감사를 표하라.
- 나쁜 결정이나 그릇된 행동을 했다면 그것이 밝혀지기 전에 시인하라. "나의 잘못이야."라는 말 한마디가 큰 신뢰감을 줄 것이다.
- 적절한 유머를 활용하라.
- 피드백을 개인적인 성장 기회로, 관계 진전을 위한 도구로 여기라. 이 말씀을 기억하라. "훈계받기를 싫어하는 자는 자기의 영혼을 경히 여김이라 견책을 달게 받는 자는 지식을 얻느니라" 잠 15:32.

오늘의 기도 30 Days to a Great Attitude

하나님 아버지, 제가 모든 인간관계에서 주님께 영광 돌릴 수 있도록 사람들의 질책받는 것을 받아들이게 하시고, 방어적인 태도를 물리치게 해 주소서. 약점을 조금도 노출하지 않으려는 불안한 마음을 치료해 주소서. 예수님의 이름으로 기도합니다. 아멘.

엘리트주의적인 태도, 영광 돌리는 태도

"요한이 예수께 여짜오되 선생님 우리를 따르지 않는 어떤 자가 주의 이름으로 귀신을 내쫓는 것을 우리가 보고 우리를 따르지 아니하므로 금하였나이다" 막 9:38

당신이 지닌 장점을 갖지 못한 사람을 소외시키거나 열등하게 여긴 적이 있는가? 그런 엘리트주의적인 사고는 현대에 생겨난 태도가 아니다. 오래전인 모세 시대에서도 이런 사고방식을 엿볼 수 있다.

이스라엘이 약속의 땅으로 향하는 여정 중 하나님은 특별한 기름 부음을 위해 이스라엘 장로들로 하여금 그분 앞에 나아오도록 지시하셨다. 그리고 모든 참석자들에게 그분의 영을 부어 주셨고 그들은 예언했다. 하지만 장로들 중 둘은 참석하지 않고 진에 머물러 있었다. 그럼에도 그들도 예언했다. 이것을 본 어떤 사람이 즉시 모세에게 보고했다.

"택한 자 중 한 사람 곧 모세를 섬기는 눈의 아들 여호수아가 말하여 이르되 내 주 모세여 그들을 말리소서 모세가 그에게 이르되 네가 나를 두고 시기하느냐 여호와께서 그의 영을 그의 모든 백성에게 주사 다 선지자가 되게 하시기를 원하노라" 민 11:28-29.

여호수아는 여호와 앞에 모인 자들만 예언해야 한다고 믿었다. 신약성경에서 예수님도 제자들의 엘리트주의적인 태도를 책망하셨다.

"요한이 예수께 여짜오되 선생님 우리를 따르지 않는 어떤 자가 주의 이름으로 귀신을 내쫓는 것을 우리가 보고 우리를 따르지 아니하므로 금하였나이다 예수께서 이르시되 금하지 말라 내 이름을 의탁하여 능한 일을 행하고 즉시로 나를 비방할 자가 없느니라 우리를 반대하지 않는 자는 우리를 위하는 자니라" 막 9:38-40.

만일 당신이 엘리트주의자라면 당신이 누리는 모든 장점이나 유익이 하나님의 선물임을 이해해야 한다. 하나님이 당신에게 허락하신 것은 개인을 높이기 위함이 아니라 그분의 영광을 위함임을 겸손히 깨달으라. 설령 당신 자신의 의지와 결단으로 어떤 일을 이루었다는 생각이 들더라도, 학식을 갖추고 성령의 기름부음을 받은 사도 바울의 말에 귀 기울이라.

"그러나 내가 나 된 것은 하나님의 은혜로 된 것이니 내게 주신 그의 은혜가 헛되지 아니하여 내가 모든 사도보다 더 많이 수고하였으나 내가 한 것이 아니요 오직 나와 함께하신 하나님의 은혜로라" 고전 15:10.

당신은 엘리트주의자가 아니더라도 자신의 불안감 때문에 또는 다른 사람들에게 자신의 이미지를 높이기 위해 어떤 사람이나 그룹을 엘리트주의자로 몰아붙이지 않도록 주의해야 한다. 이것은 선거운동에서 자주 사용되는 계략이다. 상대방 후보가 재산이 많은 집안 출신이거나 명문대를 나왔거나 그 주변에 영향력 있는 친구들이 있다는 이유만으로 그를 엘리트주의자로 몰아붙이기도 한다. 그런 비난을 받은 상대편은 자신의 평범함이나 겸손함을 입증하기 위해 육체

노동자들에게 다가간다.

결국 엘리트주의적인 태도를 지녔는지의 여부를 결정하는 것은 당신의 행동이 아니라, 당신의 신념이다. 내가 아는 어떤 정신건강 전문가는 일반인의 조언을 받아들이려 하지 않는다. 적법한 정보를 제시하려면 심리학자의 자격증을 지녀야 한다는 것이 그녀의 신념이었다.

내면을 돌아보자. 당신은 삶의 어떤 측면에서 다른 이들보다 우월하다고 느끼는가? 특정 교단에 속한 것에 우월감을 느낄 수도 있다. 자신의 S라인 몸매 때문에 우월감을 느낄 수도 있다. 당신이 지역사회에서 유명하다면 어떻게 될까? 공적인 모임에서 언제나 앞자리에 앉아야 한다고 생각하지 않을까? 만일 그렇다면 당신의 태도를 성령께 복종시켜야 한다.

오늘의 기도 30 Days to a Great Attitude

하나님 아버지, 저의 엘리트주의적인 태도를 용서해 주소서. 좋은 여건을 제게 허락하신 주님의 목적을 망각했음을 고백합니다. 이 순간부터는 그것을 주님의 영광을 위해 사용하도록 도와주소서. 예수님의 이름으로 기도합니다. 아멘.

제9일 Attitude

자격을 내세우는 태도, 감사하는 태도

"지금부터는 아버지의 아들이라 일컬음을 감당하지 못하겠나이다
나를 품꾼의 하나로 보소서" 눅 15:19

"어머니 이름으로 대출받은 자동차 구입비를 왜 갚지 않았나요?" '인민재판' The People's Court이라는 TV쇼의 유명한 재판관인 주디가 젊은 피고인에게 물었다.

"제가 장학금을 받은 덕분에 어머니가 제 수업료를 낼 필요가 없었기 때문이죠. 그러니 제가 굳이 그 대출금을 어머니에게 갚을 필요가 없습니다. 어차피 제 수업료를 어머니가 내셨어야 하니까요."

시청자들이 기대한 것처럼 주디는 자격을 내세우는 그 젊은이를

호되게 질책했다. 이 같은 사고방식은 젊은 세대에게만이 아니라 회사, 정부, 교회, 학교, 가족, 그리고 친구 관계 등 사회 곳곳에 만연해 있다.

내가 아는 어떤 사람들은 내 시간을 빼앗을 자격이 있다고 생각한다. 내가 스케줄 때문에 모임에 참석하지 않으면 그들은 짜증을 낸다. 친척들은 내게서 돈을 빌리거나 선물을 받을 자격이 있다고 생각한다. 내가 돈이 많다고 생각하기 때문이다. 내가 큰 회사의 관리자 직책을 맡았을 때 그들은 내게서 크리스마스 선물을 당연히 받을 줄로 기대했다. 세계적인 선교단체인 '크라운재정사역'은 이를 'IOU' '내가 네게 빚졌다'는 뜻 사고방식과 대조적인 'U-Owe-Me' '네가 내게 빚졌다'는 뜻 사고방식이라고 지칭한다.[3]

'누군가가 내게 무엇인가를 빚졌다'는 식의 태도가 오늘날 흔하다. 많은 미국인들은 후한 급여의 평생직장과 65세 정년퇴직을 태어나면서부터 보장받는다고, 승진이 시간문제일 뿐이라고, 누구나 일주일에 40시간 이상 일해서는 안 된다고, 매일 마지막 한 시간을 퇴

---

[3] Crown Financial Ministries, "Being Excellent in a Mediocre World," www.crown.org/Library/ViewArticle.aspx?ArticleId=257 (2009년 3월 30일 접속).

근 준비에 할애하는 것이 당연하다고, 휴식 시간을 30분 이상 가져야 한다고, 점심 시간이 최소한 1시간 30분 동안이어야 한다고, 그리고 회사 수익이 근로자들에게 공평하게 분배되어야 한다고 생각한다.

이런 식으로 생각하는 사람들을 비판하기 전에 나 자신에게도 그런 태도가 있음을 시인해야 했다. 그 중에서 다음의 몇 가지가 생각났다.

- 내가 이치에 맞는 부탁을 하면 6명의 남형제로부터 언제든 신속한 응답을 받을 자격이 있다고 생각한다. 나 역시 그렇게 하기 때문이다. 더욱이 나는 그들의 유일한 여형제이다.
- 나는 생일에 가장 가까운 친구들과 가족에게서 카드나 전화 또는 어떤 형태로든 축하를 받을 자격이 있다고 생각한다. 왜냐하면 나도 그들의 생일을 축하해 주기 때문이다.
- 내가 헌신적으로 봉사하다가 입원할 경우에 교회 측으로부터 꽃을 받을 자격이 있다고 생각한다 (그 헌신이 사람을 위한 것이기 전에 하나님을 위한 것임을 알면서도).

과거에 나는 위의 기대가 무산되었을 때 실망하거나 낙심에 빠지거나 좌절했다. 그런 '자격 의식' sense of entitlement은 도대체 어디서 생겼을까? 그 태도의 뿌리는 '자격'을 뜻하는 영어 단어 'entitlement' 자체 속에서 발견된다. 그것은 바로 '호칭'이라는 뜻의 'title'이다. 우리는 엄마, 딸, 형제, 아내, 친구, 기부자, 목사, 종업원, 사장 등 자신의 호칭에 걸맞게 상대방으로부터 무엇인가를 받아야 한다고 생각한다. 우리는 이런 호칭을 무엇이든 기대하는 것을 얻게 해주는 권리 증서처럼 여기는 경향이 있다.

자격을 내세우는 태도는 개인적인 호칭에서만이 아니라 문화적 특성에서도 비롯된다. 이를테면, 여성은 붐비는 열차에서 남성으로부터 좌석을 양보 받을 자격이 있다고 생각한다. 혹은 과거의 불공평한 사례에서 비롯되기도 한다. "난 과거에 차별대우를 받았기 때문에 정부의 보살핌을 받을 자격이 있어." 그런 혜택을 받을 권리가 있다고 생각할 때 종종 그들은 베푸는 이에게 아예 감사를 표하지도 않는다. 당신의 호의를 받은 사람이 그것을 당연시했던 적이 있는가?

나는 탕자 비유를 읽을 때마다 기분이 좋아진다. 돌아온 탕자는 자신의 자격을 내세우지 않았다. 그는 집을 떠나 아버지에게서 받은 재산 전부를 방탕한 생활로 탕진했다. 경제 침체와 기근이 닥쳤을 때 그는 비로소 현실을 직시했다. "그가 돼지 먹는 쥐엄 열매로 배를 채우고자 하되 주는 자가 없는지라"눅 15:16. 집으로 돌아간 그는 아버지에게 이렇게 말했다. "지금부터는 아버지의 아들이라 일컬음을 감당하지 못하겠나이다 나를 품꾼의 하나로 보소서"눅 15:19. 그는 "아들"이라는 호칭을 지녔으나 이전의 편안했던 삶을 되찾을 자격이 있다고 생각하지는 않았다. 아버지는 그에게 아무것도 빚진 것이 없었다.

만일 당신이 자격을 내세우는 태도를 지녔다면 다음의 몇 가지 전략이 그런 사고방식을 극복하도록 도와줄 것이다.

- 자신의 기대를 객관적으로 살피고 스스로에게 이렇게 물어보라. "내가 기대하는 것이 단순한 바람인가 아니면 계약상의 합법적인 권리인가?" 나는 혼인 언약의 일부로 남편에게서 정절을 기대한다. 그런가 하면 무거운 물건을 대신 들어 줄 것도 남편에게 기대하지만, 이는 계약상의 권리가 아니라 사랑의 표현을 기대하는 것일 뿐이다.
- 일방적이며 이기적인 기대를 만족시키려 애쓰지 말라. 기대를 만족시키려는 노력은 호혜적이어야 한다.
- 상대방을 위해 희생적인 노력을 보인 후에 그것을 빌미로 그로 하

여금 당신의 요구대로 움직이도록 조종하려 들지 말라.
- 과거에 어떤 사람에게서 도움을 받았다고 해서 늘 그래야 한다고 생각하지 말라. 도움을 중단하거나 지연하는 것은 그의 자유이다.
- 누구로부터건 도움을 받았으면 일일이 감사를 표하라. 그럴 때 당신에게 빚진 사람이 아무도 없음을 상기하게 될 것이다.

오늘의 기도 30 Days to a Great Attitude

하나님 아버지, 저를 배은망덕과 이기심으로부터 구해 주시기를 원합니다. 건강한 기대를 갖도록 그리고 쓸데없는 자격 의식을 물리치도록 도와주소서. 예수님의 이름으로 기도합니다. 아멘.

운명론적인 태도, 주의 뜻에 따르는 태도

"내 형질이 이루어지기 전에 주의 눈이 보셨으며 나를 위하여 정한 날이 하루도 되기 전에 주의 책에 다 기록이 되었나이다" 시 139:16

"특별치료를 모조리 받아본들 아무런 의미가 없어. 이 병으로 죽을 운명이라면 죽음을 피할 수 없어. 될 대로 되겠지."

힘든 결정에 직면할 때 이런 태도를 보이는 사람들이 더러 있다. 우리의 삶에서 일어나는 일들이 불변적으로 예정되어 있다고 믿는 신념을 가리켜 운명론이라 부른다. 이 개념을 지지하는 것처럼 보이는 성경 구절이 있기는 하나 이것은 성경적이지 않다. 예를 들어, 시편 139:16은 이렇게 선언한다.

"내 형질이 이루어지기 전에 주의 눈이 보셨으며 나를 위하여 정한 날이 하루도 되기 전에 주의 책에 다 기록이 되었나이다."

이 구절은 개인적으로 아무런 책임감도 없이 살 수 있다는 허가증일까? 결코 그렇지 않다. 하나님은 돈만이 아니라 우리 삶의 모든 면을 관리하는 청지기로 우리를 지으셨다. 하나님이 우리의 수명을 정해 놓으셨기 때문에 우리는 자신의 몸을 돌보거나 다른 사람들과의 건전한 관계를 유지할 책임이 없는 것일까?

운명론적인 태도는 삶에 대한 체념으로 이끌고, 경건한 야망과 장래에 대한 열정을 앗아갈 수 있다. "내가 운명을 바꿀 수 없다면 굳이 노력할 필요가 있나?" 하는 식이다. 하나님은 우리가 요람에서 무덤에 이르기까지 내릴 모든 결정을 미리 아시지만 그것을 미리 결정하시지는 않았다. 하나님은 모든 사람에게 자유의지를 주셨다. 우리의 영원한 장래마저도 우리의 선택에 기초할 것이다. 이 선택은 주 예수님을 삶의 주관자로 인정하는 것은 물론이고, 하나님 말씀을 모든 삶의 기초와 준거로 삼으려는 결단까지도 포함한다.

우리 모두에게 직면될 흰 보좌 심판을 묘사하면서 요한은 이렇게 묘사했다. "또 내가 보니 죽은 자들이 큰 자나 작은 자나 그 보좌 앞에 서 있는데 책들이 펴 있고 또 다른 책이 펴졌으니 곧 생명책이라 죽은 자들이 자기 행위를 따라 책들에 기록된 대로 심판을 받으니"계 20:12.

그렇다. 하나님은 주권적이며 인생의 일들을 다스리신다. 우리의 삶을 위해 놀라운 계획을 세워 두셨다. 만일 우리가 그분을 인정하고 그분의 지시에 복종하면 신령한 운명을 실현하게 될 것이다. 반면에 우리 인생은 자신의 생각대로 행하여 하나님이 지시하신 길에서 이탈하기 쉽다.

그럴 때 사랑과 자비의 하나님이 내비게이션과 유사한 반응을 보이신다. 최근에 나는 어느 여행 행선지를 위해 내비게이션을 작동시켰다. 하지만 행선지로 가던 중에 간단한 쇼핑을 위해 방향을 돌렸다. 그러자 곧바로 자동 내비게이션 음성이 "재설정 중입니다."라고 말하고 나서 원래 행선지로 되돌아가는 법을 알려 주었다. 브레이크가 작동되거나 클랙슨이 울리지는 않았다. 그 지시를 따를 것인지의 여부는 내 선택에 달려 있었다.

당신도 살아가면서 운명에 맡겼던 상황이 있는가? 이렇게 말했을 지도 모른다. "난 뚱뚱해질 수밖에 없는 운명이야. 내 유전자가 그래!", "물질적인 풍요는 내 운명에는 들어 있지 않아.", "난 수줍음을 탈 수밖에 없어. 하나님이 그렇게 만드셨거든." 운명론적인 태도로 인해 변명과 좌절감으로 가득한 삶을 살지 않도록 주의해야 한다.

그렇다. 하나님은 우리 삶의 뼈대를 세우셨지만 그 뼈대 안에서 넓은 자유를 부여하신다. 마치 내비게이션처럼 하나님은 우리가 신령한 운명을 실현하기 위해 무엇을 해야 할지를 알고 계신다. 이제 운명론의 지배를 받는 영역을 정확히 파악하고 그것을 극복하기 위한 구체적인 전략을 하나님께 간구하라.

오늘의 기도 30 Days to a Great Attitude

주여, 주님은 제 삶을 주관적으로 다스리시는 분입니다. 주의 음성을 듣도록 도와주소서. 운명론적인 태도를 극복하기 위해 주의 지시에 복종하는 용기를 제게 베푸소서. 예수님의 이름으로 기도합니다. 아멘.

짜증내는 태도, 쾌활한 태도

"여호와로 인하여 기뻐하는 것이 너희의 힘이니라" 느 8:10

"딩-동, 딩-동, 딩-동!"

"도대체 누구야?"

나는 시계를 힐끗 보았다. 아침 7시였다. 새벽 3시에 잠자리에 든 나는 7시간 이상 잘 계획이었다. 창밖을 내다보니 현관 문 앞에 정원사가 내성적인 얼굴로 서 있었다. 뒤뜰 보안문 열쇠를 집에 두고 왔다고 했다. 나는 아래층으로 달려 내려가서 아무 말 없이 열쇠를 그에게 건넸다. 그는 내가 무척 짜증이 나 있다고 생각했을 것이다. 하지만 나는 평소 때에는 그렇게 짜증을 내는 타입이 아니라며 나 자신을 정당화했다.

당신은 대체로 다른 사람을 쾌활하게 대하는가? 가끔씩 짜증내는 모습을 보이는 것은 별 문제가 아니다. 하지만 짜증내거나 언짢은 기분이 당신에게 굳어져 있다면 그것은 삶의 균형을 잃었음을 나타내는 표시다. 그렇게 되면 주변 사람들이 당신에게 다가가기 힘들 것이다. 당신을 대할 때 마치 고슴도치를 껴안는 기분일 것이다.

여느 부정적인 행동에서처럼 그것을 극복하는 첫걸음은 그 문제를 인정하는 것이다. 그 문제를 '정당화하라'고 말하지 않은 것에 유의하라. 최근의 사례를 돌아보면서 자기 자신에게 솔직해지라. 당신의 그런 태도를 고치기를 원하는가? 유쾌한 기분을 갖게 하는 확실한 전략이 여기 있다.

일어나자마자 기도하라

하루 동안의 스트레스가 쌓일 때까지 기다리지 말라. 맨 먼저 하나님을 가까이하라. 그분의 평안과 기쁨을 주시도록 그리고 하루 동안 그분의 방식으로 대응하게 해주시도록 간구하라. "여호와로 인하여 기뻐하는 것이 너희의 힘"임을 기억하라느 8:10.

적당한 수면을 취하라

『스트레스 다스리기 30일』 30 Days to Taming Your Stress라는 책에서 나는 이렇게 설명했다. "우리 중 대부분은 잠을 소극적인 과정으로 여긴다. 잠잘 때 우리가 망각 속을 떠돈다는 것이다. 그러나 수면은 매우 활동적인 상태이다. 여러 수면 단계를 거치는 동안 신진대사와 다른 회복 과정들이 진행된다. 원기를 회복할 정도로 충분히 자지 않으면 사소한 일에도 짜증을 내기 쉽다."[4]

건강진단을 받으라

'목의 통증'이 목의 이상 탓일 수도 있지만 다른 신체 부위의 문제 때문일 수도 있다. 내 남편은 유쾌한 성격이지만 군발성 두통과 씨름할 때마다 줄곧 짜증을 냈다. 적절한 약물치료로 통증이 가라앉으면 이전의 유쾌한 모습으로 돌아갔다.

---

[4] Deborah Smith Pegues, *30 Days to Taming Your Stress* (Eugene, OR: Harvest House Publishers, 2007), p. 24.

운동을 하라

간단한 스트레칭이나 걷기 운동이 기분에 영향을 줄 수 있다. 뇌 속에 엔돌핀을 높이기 때문이다. 밖에 나가서 신선한 공기를 들이마시라. 함께 운동할 모임을 만들면 더 유익할 것이다.

섭취하는 음식을 살펴보라

카페인이나 설탕, 또는 정제된 음식을 너무 많이 먹으면 기분이 나빠질 수 있다. '나쁜' 음식을 절제하기 힘들다면 건강에 좋은 단백질 치즈, 고기류, 견과류 등을 곁들여 먹음으로써 혈액 속의 당분 흡수 속도를 줄이라.

누가 부탁을 하면 당신이 원할 때에만 그 부탁을 들어주라

원하지도 않는 일로 힘들어할 필요가 없다.

긍정적인 친구들과의 만남을 계획하라

부정적인 영향으로부터 멀어지라. "속지 말라 악한 동무들은 선한 행실을 더럽히나니" 고전 15:33.

어려운 사람들을 도우라

짜증내는 태도를 바꾸는 데에는 불우한 이웃들에게 빛과 소망을 제공하는 일만큼 효과적인 것도 없다. 나는 집 없는 여성들을 위한 쉼터에서 자기 계발을 가르칠 때 정서적으로 큰 유익을 얻었다.

당신의 마음속을 더 깊이 파헤쳐 보라

위의 전략들이 아무런 도움이 되지 않는다면 당신의 영혼을 더 깊이 들여다보고, 진짜 화나게 하는 것이 무엇인지 솔직히 분석하라. 불공평한 상황 때문인가? 방향을 잃어 낙심하고 있는가? 필요하다면 당신을 잘 아는 사람이나 상담가를 만나 보라.

오늘의 기도 30 Days to a Great Attitude

하나님 아버지, 저는 주님의 사랑과 주님이 얼마나 따뜻한 분인지 진심으로 세상에 전하기를 원합니다. 짜증으로부터 저를 구해 주소서. 제가 짜증을 내는 원인이 어디에 있는지 드러내시고, 그것을 몰아내는 데 필요한 용기를 제게 베푸소서. 예수님의 이름으로 기도합니다. 아멘.

Attitude

비판적인 태도, 헤아리는 태도

"비판을 받지 아니하려거든 비판하지 말라
너희가 비판하는 그 비판으로 너희가 비판을 받을 것이요
너희가 헤아리는 그 헤아림으로 너희가 헤아림을 받을 것이니라" 마 7:1-2

도나가 예배당에 들어서자 안내원이 3단으로 접힌 주보를 건넸다. 거기에는 담임목사 조의 설교와 기도문이 수록되어 있었다. 한 주 동안 도움을 줄 유익한 내용이었다. 그러나 도나의 눈길은 반대로 접힌 주보로만 향했다.

'왜 이리 불편하게 접었을까?' 하고 자리에 앉으면서 생각했다. 앉자마자 그녀는 주보를 다시 접었다. 그리고 펜을 꺼내어 페이지 번호를 다시 매겼다. 이런 실수를 바로잡도록 교회 임원에게 전화해야겠

다고 생각했다.

예배 팀이 이미 준비 찬양을 시작했다. 팀원들의 복장이 산만하고 어색해 보였다. 함께 유니폼을 입을 필요가 있다는 생각이 들었다. 도나가 보기에 시간 낭비로 보이는 순서가 지나간 후 마침내 조 목사가 메시지를 전하기 시작했다. 불과 몇 분이 지나자 마이크가 이상한 소음을 내더니 결국에는 아예 꺼져 버렸다. 주일마다 이런 일이 되풀이되고 있었다. '저 음향 시스템을 도대체 언제쯤이나 고칠까?' 하고 도나가 생각했다.

예배가 끝나고 도나는 괜히 시간 낭비만 했다고 느끼며 교회를 나섰다. 조 목사의 귀한 메시지에도 불구하고 도나는 그날 아무런 은혜도 받지 못했다. 흠을 잡느라고 은혜로운 시간을 망친 것이다.

나 역시 다른 사람의 어설픈 선택이나 결함, 비효율성을 판단하는 경향이 있다. 내 마음에 들지 않는 행동을 그냥 지나치기가 힘들다. 나는 이런 태도를 없애기 위해 노력하고 있다.

비판적인 태도는 적어도 세 가지의 부정적인 결과를 낳는다.

첫째, 비판적인 태도는 죄이다. 모세의 형과 누이인 아론과 미리암이 구스 여자와 결혼한 모세를 비판했다. 그때 하나님은 문둥병으로 미리암을 치셨다. 당시에 문둥병자는 곧바로 사회에서 격리되었다. 아론은 신속히 회개했다. "내 주여 우리가 어리석은 일을 하여 죄를 지었으나 청하건대 그 벌을 우리에게 돌리지 마소서"민 12:11. 모세는 미리암의 치유를 위해 기도했고, 하나님이 그 기도를 들어주셨다. 하지만 그녀는 아래의 두 가지 결과에 직면해야 했다.

둘째, 비판적인 태도는 소중한 인간관계를 멀어지게 만든다. "여호와께서 모세에게 이르시되 그의 아버지가 그의 얼굴에 침을 뱉었을지라도 그가 이레 동안 부끄러워하지 않겠느냐 그런즉 그를 진영 밖에 이레 동안 가두고 그 후에 들어오게 할지니라 하시니"민 12:14. 문둥병 관련 법규가 이 같은 격리를 요구했다. 비판적인 마음은 관계상의 문둥병이다. 비판적인 사람을 대하는 자 역시 그에게 비판적이기 마련이다.

11세의 조카딸로부터 이메일을 받아서 나는 기뻤다. 하지만 틀린 철자와 문법이 몇 군데 보였다. 나는 틀린 곳을 고쳐 주었다. 그리고 앞으로도 이메일을 주고받으면서 가르쳐 주겠다고 했다. 그 이후로는 조카딸에게서 이메일이 오지 않았다. 사람은 자신의 모습 그대로를 받아들이는 사람에게 끌린다. 비판의 눈길을 좋아하는 사람은 아무도 없다. 건설적인 피드백이 필요 없다는 말은 아니다. 다만 긍정과 격려에 더 초점을 맞출 필요가 있다는 것이다.

셋째, 비판적인 태도는 피차의 진전을 방해한다. 미리암의 격리로 인해 가나안 땅으로 향하는 이스라엘의 여정이 일시 중단되었다. "이에 미리암이 진영 밖에 이레 동안 갇혀 있었고 백성은 그를 다시 들어오게 하기까지 행진하지 아니하다가"민 12:15.

흠잡기 좋아하는 한 사람 때문에 어떤 그룹 전체의 효율성이나 진전에 타격이 가해지는 것을 경험해 본 적이 있는가? 비판적인 부모나 배우자 때문에 자신감을 잃은 자녀나 배우자가 더 이상 앞으로 나아가지 못하는 경우도 있다.

당신이 그런 비판적인 사람이라면 그 원인이 무엇인지 찾아내어 없앨 방법을 모색해야 할 것이다. 무엇이 우리를 비판적이게 만들까? 비판적인 마음은 습득되는 것이다. 그런 마음을 갖게 되는 몇 가지 이유를 들자면 다음과 같다.

- 비판적인 사람들 중 다수는 다른 사람을 긍정할 줄 모르는 부모 밑에서 자랐다. 심지어 비판적인 태도가 큰 성공으로 이끈다고 믿는

부모도 있다.
- 때로는 자신이 독특한 경험이나 재능을 지녔으므로 다른 모든 사람이 자신의 기준에 맞춰야 한다고 생각한다.
- 과거의 성공에 따른 교만에 사로잡혀 자신이 모든 사람을 위한 최선책을 알고 있다고 생각할 수도 있다.
- 풀리지 않은 분노와 상처가(또는 단순한 시기심이) 특정인들에 대한 악감정을 품게 할 수 있다. 그래서 기회만 오면 그들의 이미지를 깎아내리려 한다.
- 끝으로 다른 사람들을 부정적으로 말함으로써 무의식적으로 자신의 결함과 잘못을 숨기려 한다.

그러면 이러한 태도를 치유할 수 있는 방법은 무엇일까?

- 비판적인 마음에 대한 하나님의 말씀에 유의하라. "비판을 받지 아니하려거든 비판하지 말라 너희가 비판하는 그 비판으로 너희가 비판을 받을 것이요 너희가 헤아리는 그 헤아림으로 너희가 헤아림을 받을 것이니라" 마 7:1-2. 그런 부정적인 씨앗의 결실을 진정 거두고 싶은가?
- 비판이나 흠잡기의 죄를 인정하고 회개하라. 만일 이것이 가족 전

체의 습관이라면 성령의 능력에 의지하여 그 성향을 제거할 것을 결단하라.

- 당신의 비판을 받는 사람에게서 훌륭한 면을 찾아보라. 특히 당신에게 없는 특성을 찾아보라. 나의 의뢰인들 중에 매우 무능한 직원을 둔 사람이 있었다. 나는 늘 그 직원을 비판했다. 그러다가 언제부턴가 그의 좋은 점을 찾아보기로 했다. 그는 가르침을 잘 받고 자신의 실책을 쉽게 받아들이는 사람이었다. 실수를 합리화하거나 다른 사람들을 비난하기 쉬운 나의 성향과는 대조적이었다. 또한 그 고객의 눈에 '슈퍼우먼'으로 보이려 했던 나의 무의식적인 노력도 파악되었다.
- 매일 공급받는 하나님의 은혜와 자비를 다른 사람들에게도 나눠 주려고 노력하라. "긍휼히 여기는 자는 복이 있나니 그들이 긍휼히 여김을 받을 것임이요" 마 5:7.

오늘의 기도 30 Days to a Great Attitude

주여, 사람들의 장점을 인정하도록 도와주소서. 주님의 사랑이 저를 통해 넘쳐나서 다른 사람들의 허물을 덮어 줄 수 있도록 하소서. 예수님의 이름으로 기도합니다. 아멘.

마지막으로 말하노니 형제들아 기뻐하라
온전하게 되며 위로를 받으며 마음을 같이하며 평안할지어다
또 사랑과 평강의 하나님이 너희와 함께 계시리라
거룩하게 입맞춤으로 서로 문안하라 고후 13:11

태|도|다|스|리|기 3

관계를 열어 주는
태도 갖추기

30 Days to a Great

Attitude

Atude

조급한 태도, 인내하는 태도

"너희에게 인내가 필요함은 너희가 하나님의 뜻을 행한 후에
약속하신 것을 받기 위함이라"히 10:36

"도대체 요점이 뭐야?" 한 협력단체의 모임에 참석한 질은 자신의 딜레마를 장황하게 늘어놓는 어느 회원에게 소리라도 지르고 싶었다. 시간은 늦어지고 있었고, 다섯 명의 회원들이 자신의 당면 문제를 얘기할 차례를 기다리고 있었다.

숙련된 상담가로서 질은 자신의 조급함을 절제해야 함을 알고 있었다. 분명 그녀는 조급하고 신경이 과민한 사람이었다. 그러나 최근에 했던 한 성경 공부에서 "아하!" 하고 깨닫는 순간을 경험했었다.

인내가 성령의 열매라고 하는 깨달음이었다. 그것은 새해의 결심으로나 1부터 10까지 셈으로써 얻을 수 있는 어떤 것이 아니다. 오직 성령의 도우심을 통해서만 생성될 수 있는 것이다.

어쩌면 당신도 질과 같은 경험을 해본 적이 있을 것이다. 다른 사람들에게 조급해지는 내 성향의 뿌리를 탐구하는 과정에서 나는 우리가 빠른 걸음의 즉석 만족 사회에서 살아가고 있다는 점에 주목했다. 우리는 즉석 의사소통전화나 문자메시지, 인스턴트식품, 인스턴트뉴스, 초고속 인터넷 등에 익숙해져 있다. 이들은 기다림을 힘들게 한다. 조급함은 신체적으로, 정서적으로, 관계적으로 폭넓은 영향을 미친다. 우리에게는 변화가 필요하다.

나는 조급함의 신체적 영향을 절제하기로 결심했다. 불안과 이로 인한 아드레날린 분비를 느끼는 순간, 나의 반응에 대해 책임감을 갖고 대처하기로 했다.

예를 들어, 가끔 어머니와 어머니 친구들을 내 차에 태울 때 조급해지는 것을 느낀다. 아직 끝내지 못한 일과가 신경 쓰인다. 이 노인들이 달팽이걸음으로 움직일 때 나는 하나님의 도우심을 구하며 심호흡을 하고 기대감을 낮춘다. 그리고 그들을 살아 있게 하시고, 그들을 섬길 기회를 주신 하나님께 감사드린다. 그리고 효과적인 시간 계획을 세우지 못한 점을 인정한다.

나는 모든 기다려야 하는 상황에서 유사한 전략을 시도한다. 식료품 점원, 은행출납원, 택시 기사의 더딘 움직임에 왜 내가 조바심을 내야 하는가? 읽을거리를 미리 준비하면 좋지 않겠는가? 또한 나는 지연이 하나님의 보호의 방편일 수도 있다고 믿는다. 세계무역센터에 가해졌던 911테러를 모면했던 사람들에 대한 이야기를 들었다. 그들은 여러 이유로 그날 지각했다. 테러 사건이 일어나기 직전에는 지각한 사람들이 대부분 초조했을 것이다.

조급함은 정서적인 영향을 미친다. 생각대로 일이 진행되지 않을 때 우리는 화를 내며 안달한다. 지연 상황을 감정적 동요 없이 잘 참을 때 기쁨과 평안을 유지할 수 있다.

조급함은 상대방을 쌀쌀맞게 대하게 한다. 낯선 사람이라도 당신에게 불퉁거린다면 당신의 기분이 어떻겠는가? 아마 맞대응하거나 빨리 그를 피하고 싶을 것이다. 만일 그가 당신에게 소중한 사람이라면 당신은 의기소침해질 것이다. 조급해지려 할 때에는 이 점을 기억하라.

관리자로서 나는 어떤 사람에게 많은 시간을 들여서 일을 가르쳤던 적이 있다. 그는 도무지 진전을 보이지 않았다. 그러던 중에 내가 그 사람 앞에서 실망의 한숨을 쉬었다. 나중에야 알게 되었지만 한숨 쉬는 내 모습이 그를 더 무기력하게 만들었다. 그의 불안한 마음이 판단력을 더 흐리게 했다.

조급함을 극복하는 일은 그 존재를 깨닫는 데서 시작된다. 인내심을 생성시키는 성령의 도우심에 의지해야 한다. 그리고 나중에 일어날 일을 고민하기보다는 현재의 그 순간에 충실해야 한다.

오늘의 기도 30 Days to a Great Attitude

하나님 아버지, 매일 저에게 보여 주시는 주님의 인내에 감사드립니다. 그 인내를 다른 사람들에게 나타내도록 도와주소서. 제 속에 있는 주님의 사랑을 그들에게 드러내어 주님께 영광 돌리기를 원합니다. 예수님의 이름으로 기도합니다. 아멘.

시샘하는 태도, 칭찬하는 태도

"네 이웃의 집을 탐내지 말라
네 이웃의 아내나 그의 남종이나 그의 여종이나 그의 소나 그의 나귀나
무릇 네 이웃의 소유를 탐내지 말라" 출 20:17

당신은 다른 사람이 성공한 것을 봤을 때 어떠한가? 누구나 다른 사람의 성공을 보고 불만을 느끼거나 화가 난 적이 있을 것이다. 나도 그랬다.

몇 주 전 나는 인기 있는 어느 쇼 프로그램을 보려고 TV를 켰다. X양이 재정적인 견해를 막힘없이 늘어놓고 있었다. 그녀의 훌륭한 조언을 인정하지 않을 수 없었다. 그러나 그날 밤 성경공부 모임에서 그녀의 이름이 언급되었을 때 나는 은근히 샘이 나서 이렇게 말했다.

"나도 그녀의 조언을 좋아해요. 다만 그녀가 동성애자라는 사실이 좀 마음에 걸리긴 해요."

　어떤 사람은 이 말을 듣고 충격을 받았다. 이미 알고 있는 사람도 있었다. 내가 왜 그런 얘기를 했을까 하는 생각이 나중에서야 들었다. 아마 참석자들 중 하나가 X양이 얼마나 탁월한지를 계속 반복해서 얘기했기 때문일 것이다. 나 역시 그녀에게 감탄했지만, 이런 생각이 들었다. '그녀에게 그런 명성과 부귀가 돌아간다는 건 공평하지 않아. 그런 축복을 받을 자격이 있는 사람은 바로 나라고. 나는 정직하고, 성령 충만한 그리스도인이고, 순종적인 아내인데다가 십일조 생활까지 철저히 지키잖아. 나도 어느 정도 성공을 하긴 했지만, 사실 X양에 비하면 아무것도 아니야. 그녀는 언론의 연인이 아닌가!' 훗날에 가서 곰곰이 돌아보았을 때 이처럼 저속한 생각을 했던 것이 쥐구멍이라도 들어가고 싶을 정도로 창피했다.

　자신에게 솔직해지는 최선의 방법은 성경의 계시에 비추어 보는 것이다. 나도 그렇게 했다. 하나님의 말씀의 빛은 나 자신이 인정하기 싫어하는 영역을 노출시켰다. 시샘이 고개를 쳐들고 있었다. 나는 오래전에 나의 시샘이 완전히 뿌리 뽑힌 줄 알았다.

무엇이 시샘하는 태도를 유발할까? 우리가 자신이 바라는 것을 지닌 사람을 종종 비판하는 이유는 무엇일까? 우리가 무자격자로 여기는 자에게 하나님의 축복의 손길이 미치지 못하도록 애쓰는 이유는 무엇일까? 시샘에 대해 성경은 어떻게 말하는가? 그것은 죄일까 아니면 단지 비생산적인 성격일 뿐일까?

다음 말씀을 보자. 천사들의 리더로 임명된 루시퍼는 하나님이 받으시는 경배를 시샘했다.

"너 아침의 아들 계명성이여 어찌 그리 하늘에서 떨어졌으며 너 열국을 엎은 자여 어찌 그리 땅에 찍혔는고 네가 네 마음에 이르기를 내가 하늘에 올라 하나님의 뭇 별 위에 내 자리를 높이리라 내가 북극 집회의 산 위에 앉으리라 가장 높은 구름에 올라가 지극히 높은 이와 같아지리라 하는도다" 사 14:12-14.

이는 우리가 다른 사람들을 시샘할 때의 태도와 같은 것이다. 그들에게 돌아가는 찬사를 우리가 받기를 원한다. 우리가 여건만 같으면 그들처럼 평가받을 수 있다고 믿는다.

"탐내지 말라"는 십계명의 마지막 계명은 다른 사람의 소유를 탐하지 말 것을 경고한다 출 20:17. 탐내는 태도는 하나님을 불공평하며 편파적인 분으로 비난하는 것이나 다름없다. 따라서 우리의 삶에 시샘이 드러날 때에는 힘을 다해 저지해야 한다. 시샘하는 태도를 저지하는 방법은 다음과 같다.

- 하나님의 영광을 위해서가 아닌 불순한 동기로 무엇인가를 갖고 싶어한 사실을 자백하고 회개하라. "그러나 너희 마음속에 독한 시기와 다툼이 있으면 자랑하지 말라 진리를 거슬러 거짓말하지 말라" 약 3:14.

- 당신이 얻은 축복들을 세어 보라. 시샘은 불만에 뿌리를 내리고 있다. 종종 우리는 다른 이들의 행운을 시기하느라고 자신의 유익을 보지 못한다. "시샘은 자신의 축복 대신에 다른 사람의 축복을 세는 습관이다."라고 누군가가 말했다.

- 시샘하기보다는 당신의 운명을 개척하기 위해 필요한 결단과 훈련과 다른 활동에 몰두하라. 당신의 외모나 경제적 유산에 자족하고 받아들이라. 당신을 위한 하나님의 뜻을 분명히 보여 주실 것을 간구하라.

- 가능하다면 당신이 시샘하는 사람과 함께 시간을 보내라. 그래서 그 사람과 그의 성공 비결에 관해 더 많이 파악해 보라. 그 사람에

게도 많은 문제들이 있음을 알게 될 것이다. 몇 년 전 빼어난 외모로 나의 부러움을 샀던 한 동료는 어릴 때 버림 받았던 고통스러운 과거를 내게 털어놓았다. 그녀는 계속 불안과 싸워 왔다고 했다. 그녀는 힘든 문제에 정면으로 맞서는 나의 용기가 부럽다고 말했다.

- 당신이 시기하고 싶은 사람을 누군가가 칭찬할 때 부정적으로 말하기보다는 찬사를 보내라.
- 다른 사람의 성공을 당신의 실패로 여기지 말라.

오늘의 기도 30 Days to a Great Attitude

주여, 주님이 제 삶에 필요한 모든 것을 베푸심을 믿고, 제 앞으로의 삶이 주의 손에 달려 있음을 믿도록 도와주소서. 주님은 차별대우하지 않으시는 분이므로 헛된 야심을 버리고 다른 사람의 성공을 진심으로 기뻐하도록 도와주소서. 예수님의 이름으로 기도합니다. 아멘.

교만한 태도, 겸손한 태도

"교만은 패망의 선봉이요 거만한 마음은 넘어짐의 앞잡이니라" 잠 16:18

나는 주차장으로 향하면서 '오늘은 내가 빛을 발할 수 있는 기회를 잡고 말거야.' 하고 생각했다. 세밀하게 분석하고 가상 시나리오를 작성하는 등 불평이 나올 만한 일들을 수년에 걸쳐 거의 무보수로 진행해 왔다. 마침내 최고경영층이 벤처자금조달을 위한 공동투자자들과의 회의에 나를 초청했다. 그 거래는 복잡했고, 남자 동료들보다 내가 그것을 더 잘 이해하고 있다고 확신했다. 내가 초청된 것도 바로 그 때문이었다.

갑작스러운 차질에 대비하기 위해 발표 내용을 복사하여 컴퓨터 가방에 넣었다. 그리고 거울 앞에서 외모를 살폈다. 전문가다운 느낌이 나는 크림색의 실크 정장 차림을 했고, 최근에 급격한 다이어트로 무려 7kg 가까이 감량했기 때문에 제법 맵시도 났다.

'이제 투자 파트너들이 이 거래의 배후에 있는 진짜 브레인이 누군지 알게 될 거야.'라고 생각했다. 흥분과 교만에 온통 사로잡혀 있었다.

후진으로 주차 공간을 빠져나오던 중 타이어에 무엇인가가 밟히는 느낌이 들어 차를 멈추고 살펴보았다. 발표 서류가 들어 있는 컴퓨터 가방이었다! 컴퓨터 가방을 차 뒤편에 둔 지도 모르고 후진한 것이다. 가방이 납작하게 찌그러졌다. 기적적으로 컴퓨터는 손상되지 않았으나 종이들은 마구 짓이겨져 있었다. 내용물을 주워 담느라고 내 정장에는 온통 타이어 그을음이 묻었다. 회의 장소로 곧장 달려가기에 바쁜 시간이었다. 도착했을 때쯤 나는 너무 창피해서 멀찌감치 코너 쪽에 앉았고, 회의 중에 거의 말을 하지 않았다. 3분 만에 나의 거만함이 겸손으로 바뀌었다.

이것은 20여 년 전에 있었던 사건이다. 그때 배운 교훈을 나는 앞으로도 결코 잊지 않을 것이다.

"교만은 패망의 선봉이요 거만한 마음은 넘어짐의 앞잡이니라" 잠 16:18.

그때 이후로 내 생각과 영혼 속에 요한복음 15:5을 새겼다. "나는 포도나무요 너희는 가지라 그가 내 안에, 내가 그 안에 거하면 사람이 열매를 많이 맺나니 나를 떠나서는 너희가 아무것도 할 수 없음이라." 나는 어떤 일을 시도할 때마다 이 말씀을 상기한다. 그 내용을 전심으로 믿는다. 그것은 정서적인 안정과 영적인 균형을 유지시켜 준다. 나 자신을 부적격자로 여길 필요가 없고 자만심에 빠질 필요도 없다.

본서에서 논의된 모든 좋지 않은 태도들 중에 교만함이 가장 나쁘다. 왜 그럴까? 하나님이 가장 싫어하시기 때문이다 잠 6:16-17. 하나님의 도우심으로만 할 수 있는 일을 자신의 공으로 돌리는 것은 그분의 영광을 가로채는 짓이다.

무엇이 당신을 교만하게 하는가? 당신의 재물인가? 사회적 지위인가? 직장에서의 직책인가? 사업으로 얻은 수익인가? 이런 것들을 자신의 힘으로 얻었다고 믿는가? "누가 너를 남달리 구별하였느냐 네게 있는 것 중에 받지 아니한 것이 무엇이냐 네가 받았은즉 어찌하여 받지 아니한 것같이 자랑하느냐" 고전 4:7.

당신의 삶에서 교만함을 없애려는 노력에 박차를 가하려면 아래의 전략들을 활용하라.

- 당신이 누군지 그리고 무엇을 할 수 있는지에 대한 근본적인 생각을 바꿔 주실 것을 성령께 간구하라. 앞에서 언급된 성경 말씀들을 묵상하고, 그것들을 당신의 영성의 일부가 되게 하라.
- 대화할 때 다른 사람들의 유익에 초점을 맞추고 자신에 대한 언급을 자제하라.
- 사회적 신분, 인종, 남녀의 성, 또는 다른 특징적인 요소들에 상관없이 모든 사람의 내재적 가치를 존중하라. 『목적이 이끄는 삶』의 저자인 릭 워렌 목사를 몇 년 전에 만났다. 그는 겸손함이 돋보이는 사람이었다. 그와 대화하려는 사람들이 줄을 서서 기다림에도 불구하고 그는 내게 포옹을 해주었고 기꺼이 함께 사진을 찍어 주었다. 그리고 내 책 『말 다스리기 30일』을 위해 축복 기도를 부탁했는데, 그 부탁을 마다하지 않았다.

그러면 겸손히 행할 때 얻을 수 있는 유익은 무엇일까?

사랑과 찬사

거만함과 교만함은 불쾌감을 주지만 겸손함은 사랑과 찬사를 얻게 한다. 겸손은 가장 존경받는 성격이다.

개인적인 평안

스스로 겸손하며 하나님의 뜻에 복종하는 자는 아무것도 입증할 필요가 없다. 자신의 이미지를 지키기 위해 염려할 필요도 없다.

신뢰와 존중

겸손한 사람은 다른 사람들의 유익을 추구하므로 사람들은 그의 의견과 결정을 존중하며 의심하지 않는다.

오늘의 기도 30 Days to a Great Attitude

하나님 아버지, 제가 주님의 영광을 훔치려 했던 것을 회개합니다. 다른 사람들에게 본이 될 정도로 겸손히 행하는 법을 가르쳐 주소서. 예수님의 이름으로 기도합니다. 아멘.

Attitude

편협한 태도, 관대한 태도

"아무도 비방하지 말며 다투지 말며 관용하며
범사에 온유함을 모든 사람에게 나타낼 것을 기억하게 하라" 딛 3:2

우리 모두는 자신이 견디지 못하는 것을 한두 개씩 가지고 있다. 나는 껌을 쩍쩍 씹어대는 사람을 견딜 수 없다. 자신의 견해가 받아들여지지 않을 때 화내는 사람을 나는 기피하는 경향이 있다. 부적절한 차림새로 교회에 나오는 사람을 보면 짜증이 난다. 설교자나 강연자의 발음이나 문법이 부정확할 때 나는 불쾌해진다.

이외에도 여러 경우들을 들 수 있다. 이런 종류의 편협은 매우 흔하며 대체로 다른 사람들에게는 무해하다. 어쨌든 이런 경우들은 내가 받은 하나님의 은혜를 다른 사람들과 나누지 못했음을 반영한다. 이전에 비해 많이 나아지기는 했지만 지금도 계속적으로 기도하는 부분이다.

본장에서 논의할 편협은 우리 사회와 우리의 영혼에 매우 해로운 것이다. 특정한 생활방식, 정치적 소신, 종교적 신념 또는 자신이 반대하는 다른 어떤 견해를 지녔다는 이유 때문에 하나님의 형상으로 지음 받은 사람을 비열한 증오심으로 배격하는 것이다. 인종적 편견도 편협의 한 형태이다. 이것에 대해서는 다음 장에서 따로 다룰 것이다.

먼저, 관대함이 무엇인지에 대해 생각해 보자. 관대함은 모든 사람이 자유로운 도덕적 행위자로서 자신이 바라는 대로 믿을 수 있는 권리를 지녔음을 인정하는 것이다. 그리고 다른 사람들의 권리를 침해하거나 기존 법률을 위반하지 않는 한 그 믿음에 따라 행동할 수 있는 권리를 지녔음을 인정하는 것이다.

도저히 참을 수 없을 것 같은 신념이나 행동을 보이는 사람들을 사랑하고, 그들을 위해 기도하는지의 여부가 우리의 정서적, 영적 성숙을 판가름하는 시금석이라 할 수 있다. 그들의 신념이 성경적인 원리를 거역할 때 하나님의 자녀로서 우리의 반응은 낭떠러지로 향하는 소경을 볼 때의 반응과 같아야 한다. 안타깝게도 그를 불쌍히 여겨 안전한 길로 이끌기보다는 비난하기에 바쁜 것이 오늘날의 전형적인 반응이다.

동정심을 타협으로 보아서는 안 된다. 이는 죄를 미워하되 죄인을 사랑하시는 하나님이 타협과는 상관없으신 것과 같다. 우리는 성경을 위반하며 사회에 해를 끼치는 신념이나 생활방식을 합법화하려는 노력을 당연히 거부해야 한다. 하지만 이런 문제에 대처할 때 편협한 태도를 갖지 않도록 주의해야 한다.

보다 구체적으로 생각해 보자. 당신은 동성애를 죄악으로 규정하는 성경의 가르침에 대해 타협하지 않고서도 동성애자 미용사에게 관대하게 대할 수 있다. 낙태에 완강히 반대하면서도 낙태 합법화를 주장하는 직장 동료와 협력할 수 있다. 당신은 보다 절제된 예배를 더 좋아하지만 은사 위주 교회의 예배에서 드러나는 감정적인 표현을 존중해 줄 수 있다.

편협은 사회에 유익을 가져다주지 않는다. 범죄, 폭동, 전쟁, 테러 등을 유발할 수도 있다. 개인을 위해서도 좋지 않다. 편협한 태도는 흥분과 헐뜯음으로 이어질 수 있다. 그렇게 되면 우리의 기쁨이 사라지고 세상에 비춰야 할 빛이 꺼진다. 에드윈 코울 박사의 말에 유의해서 들어보자. "취향에 있어서는 바람처럼 유연하고, 원칙에 있어서는 바위처럼 확고하라."

지금 이 순간 당신은 편협한 태도에 대처할 수 있다. 본장 앞에서 열거한 해롭지 않아 보이는 편협도 인간관계에 장벽으로 작용할 수 있다. 당신의 방식대로 생각하거나 행동하도록 사람들을 강요하려 들 때가 언제인지 알려 주실 것을 하나님께 간구하라. 당신의 생각이 잘못된 것일 수 있음을 늘 생각해야 한다.

당신이 참기 힘든 사람을 만날 때 부정적인 감정을 품지 않도록 주의하라. 그리고 부정적인 감정을 관심과 배려로 대체해 주실 것을 하나님께 간구하라. (도덕적 기준이 아니라) 선호의 문제에서는 당신의 신념을 바꾸는 것이 좋을 수도 있다.

베드로의 경우가 그랬다. 이방인 고넬료의 초청을 받았을 때 처음에 베드로의 마음은 전혀 내키지 않았다. "유대인으로서 이방인과 교제하며 가까이하는 것이 위법인 줄은 너희도 알거니와 하나님께서 내게 지시하사 아무도 속되다 하거나 깨끗하지 않다 하지 말라 하시기로"행 10:28. 하나님은 뿌리 깊은 전통을 제거하고 복음을 위해 새로운 기회를 여셨다. 계속해서 베드로가 말했다. "내가 참으로 하나님은 사람의 외모를 보지 아니하시고 각 나라 중 하나님을 경외하며 의를 행하는 사람은 다 받으시는 줄 깨달았도다"행 10:34-35. 하나님은 그의 영광을 위해 우리 마음의 경계를 트기를 원하신다.

오늘의 기도 30 Days to a Great Attitude

하나님 아버지, 저의 모든 편협한 모습들을 회개합니다. 주님이 모든 사람들에게 각자의 신념과 생활방식을 택할 권리를 주셨음을 명심하게 하소서. 주님의 풍성한 사랑과 은혜를 누리며 전할 수 있게 해주시기를 원합니다. 예수님의 이름으로 기도합니다. 아멘.

Attitude
제17일

차별하는 태도, 포용하는 태도

"너희는 유대인이나 헬라인이나 종이나 자유인이나 남자나 여자나
다 그리스도 예수 안에서 하나이니라" 갈 3:28

인종차별은 모두들 거론하기 꺼려하는 민감한 주제이다. 지난 수십 년에 걸쳐 큰 진전이 있었다. 2009년 1월에 미국 대통령 선거에서 최초로 아프리카계 미국인이 대통령에 선출되었다. 그럼에도 불구하고 이 문제는 사라지지 않았다. 인종차별주의는 인류의 시초부터 존재해 온 뿌리 깊은 사회악이다. 구스 여인과 모세의 결혼에 대한 미리암과 아론의 비난민 12:1이나 유대인과 사마리아인 간의 쓰디쓴 반감요 4:9도 그런 편견을 보여 주는 사례들이다. 그것은 상식을 벗어

태도 다스리기 30일

난 태도이다. 그리스도인들 간에는 특히 그렇다. 왜냐하면 하나님이 온 인류를 당신의 형상과 모양대로 만드셨음을 성경에서 분명히 언급하셨기 때문이다 창 1:26.

오직 한 인종이 있을 뿐이다. 하나님이 각 종족마다 독특한 피부색이나 머릿결을 갖게 하셨다. 따라서 한 종족을 다른 종족보다 우월하거나 열등하다고 말할 수 없다. 인종적 특성에 대해 불평을 갖는 사람은 창조주 하나님께 불평을 갖는 셈이다.

다른 종족인 어떤 사람과의 부정적인 경험 때문에 인종주의적 태도를 지닐 수도 있다. 한 사람이나 한 공동체의 불경건한 행동을 한 인종 전체의 특색으로 단정해서는 안 된다.

여러 해 전에 나의 남편은 식당에서 자신이 좋아하는 케이크 한 조각을 주문했다. 그 케이크를 입에 넣은 순간 그는 구역질을 했다. 생선 요리를 먹었던 포크로 그것을 집었기 때문이다. 그 후로 15년이 지나도록 그는 생선을 먹지 않았다. 생선만 보면 구역질이 났다. 나는 왜 디저트나 포크 사용은 거부하지 않느냐며 남편에게 농담을 하곤 했다. 건강을 더 의식하면서 그는 생선 음식이 몸에 좋다는 것을 깨달았다. 그래서 다시 생선을 먹어 보기로 결심했다. 처음에는 튀긴 생선이나 특정 유형의 생선만 겨우 먹었다. 나중에는 자신의 안전지대를 넘어서 다양한 생선 요리를 시도했다. 그러다가 마침내 여러 방법으로 요리된 생선의 맛과 유익을 즐길 수 있었다.

만일 당신이 인종적 편견에 빠져 있고 그것을 극복하기를 바란다면 이와 같은 접근법을 취할 필요가 있다. 부정적인 경험이 당신의 입속에 나쁜 맛을 남겼을 것이다. 그러나 당신은 대책을 강구할 수 있다. 그리고 하나님의 모든 피조물을 향한 올바른 태도를 가짐으로써 영적, 정서적 자유를 모색할 수 있다.

감정은 행동을 뒤따른다. 당신이 멸시했던 사람에게 달리 대하기 시작하면 당신의 감정도 바뀐다. 다음 전략을 시도해 보라. 그러면 특정 종족에 대한 멸시의 태도가 수용의 태도로 변할 수 있을 것이다.

- 갈라디아서 3:28을 암송해 보라. "너희는 유대인이나 헬라인이나 종이나 자유인이나 남자나 여자나 다 그리스도 예수 안에서 하나이니라."
- 진심으로 미소 지으며 하나님의 사랑을 전하게 해주실 것을 간구하라.
- 먼저 인사하라.

- 대화하라. 재정, 가족, 건강과 같은 공동 관심사를 함께 나누라.
- 사교 활동이나 성경 공부에 동참시키라.

최근에 백인 교회에 다니는 한 젊은 흑인 부부가 그들이 겪는 어려움을 내게 털어놓았다. 그들에게 아무도 다가오지 않아서 소외감을 느낀다고 했다. 나는 그들에게 먼저 다가가 보라고 권했다. 자신의 노력이 거부나 오해를 당할까 봐 우려하는 백인들이 많다. 또 어릴 적부터 특정한 신념을 주입 받아서 흑인이나 다른 소수 종족들과 접촉할 줄 모르는 백인들도 있다. 자신의 껍질 속에 머무는 것이다.

인종차별주의의 담을 이해하고 허무는 일은 영적으로 성숙하고 용기 있는 사람들에게서부터, 성령으로 충만하여 성령의 인도를 받는 사람들에게서부터 시작되어야 한다.

- 멸시받는 종족으로서 사회에 크게 기여하거나 대의를 위해 희생했던 사람들의 전기를 읽어 보라. 그들을 예외적인 인물로 단정 짓지 말라.
- 만일 당신이 백인들에 대해 분개하고 그들의 인종차별적 과거 행태를 용서하지 못한다면, 흑인들의 평등을 위해 마틴 루터 킹 목사

와 함께 시위했던 많은 백인들을 생각하라. 그들은 생명의 위험을 무릅썼고, 투옥 당했으며, 동료 백인들에게 배척당했고, 많은 고통을 견뎠다. "나에게는 꿈이 있습니다."라는 유명한 연설에서 킹 목사는 그들에게 찬사를 보냈다. "새롭게 불타오르는 흑인 공동체의 강력한 투지가 모든 백인을 불신하는 방향으로 나아가서는 안 됩니다. 오늘 여기 함께한 형제들을 포함한 많은 백인 형제들이 그들의 운명과 우리의 운명이 긴밀히 결부되어 있음을 깨닫게 되었습니다. 또한 그들의 자유가 우리의 자유와 복잡하게 얽혀 있음을 깨닫게 되었습니다. 우리만 따로 걸어갈 수는 없습니다."

- 회개하고 하나님의 용서를 구하라. 그리고 교활한 인종적 편견을 제거해 주실 것을 간구하라. 다른 종족의 사람에게서 당한 해악을 계속 되풀이해 말하면 부정적인 생각이 강화될 뿐이다.

오늘의 기도 30 Days to a Great Attitude

하나님 아버지, 인종차별의 죄를 용서해 주소서. 이 악한 태도를 제거해 주소서. 모든 종족들을 주님의 놀라운 피조물로 받아들이며 포용함으로써 주님을 기쁘게 해드리기를 원합니다. 예수님의 이름으로 기도합니다. 아멘.

완고한 태도, 유연한 태도

"오직 오늘이라 일컫는 동안에 매일 피차 권면하여
너희 중에 누구든지 죄의 유혹으로 완고하게 되지 않도록 하라" 히 3:13

"융통성 있는 사람이 행복한 사람이야."라고 남편이 말했다. 계획대로 되지 않아서 태도를 바꿔야 할 때 내가 늘 사용하는 표현을 남편이 흉내 낸 것이다. 이것은 무엇인가 잘못되었음을 내게 주지시키려는 남편의 지적 방법이기도 했다.

완고한 태도를 극복하려는 나의 노력은 장족의 발전을 거듭했다. 이전에는 나의 계획을 변경시키려는 사람을 결코 용납할 수 없었다. 그런 사람과는 아예 인연을 끊으려 했다. 그런 태도로부터 구원해 주신 하나님께 감사드린다.

  20여 년 전 내 오랜 친구는 로스앤젤레스에서 열리는 부흥 전도집회에 갔는데, 그의 아내가 함께 동행했다. 비행기가 로스앤젤레스에 도착했을 때 그녀는 자신의 여행 가방이 분실된 것을 알았다. 부흥집회 시작 시간이 얼마 남지 않은 상태였다. 내 생각에 그녀는 특별히 준비한 옷을 차려 입을 계획이었을 것이다. 하지만 그녀는 조금의 실망의 기색도 없었고, 낙심도 드러내지 않았다.

  그 유연하고 평안한 모습이 내게 깊은 감명으로 다가왔다. 그때 나는 유연한 사람이 되기 위해 모든 노력을 기울이기로 결심했다. 유연하지 못해서 크게 낙심하는 사람을 볼 때마다 나는 그 다짐을 새롭게 한다.

  래이의 경우가 전형적인 예이다. 도로정비 노동자인 래이는 잭이라는 동료와 트럭을 같이 쓴다. 잭은 열이 너무 많아서 싸늘한 날씨에도 차 유리를 내려야 한다. 그럴 때면 래이는 몹시 불편해서 화가 치밀어 오른다. 잭에게 몇 차례 불만을 터뜨리기도 했다. 회사 경영진에서는 개입을 거부했다.

  최근에 그를 상담하면서 나는 이렇게 말했다. "일하러 갈 때 옷을 더 두텁게 입고 가는 게 어때요? 잭이 신체적으로 문제가 있는 것 같아요. 아무리 옷을 적게 입어도 소용이 없을 겁니다."

잭은 처음에 자기 뜻대로 되지 않아 난감해하는 눈치였다. 나는 완고한 사람의 특징인 극도의 감정적 혼란을 지적했다. 그러자 그는 계속 그런 상태로 살아갈 수도 있고, 필요한 변화를 모색할 수도 있음을 깨달았다.

누군가가 이렇게 말했다. "융통성 있는 사람은 복이 있나니 이는 그들이 화나지 않을 것이기 때문이다."

아람 군대장관인 나아만의 경우가 그랬다. 그는 문둥병에 걸렸다. 아내의 여종인 한 유대인 포로가 선지자 엘리사를 찾아가서 치료를 부탁해 보라고 했다. 집을 나서기 전에 나아만은 치유 시나리오를 나름대로 머릿속에 그려 보았다. 하지만 그가 도착했을 때 엘리사는 그를 맞으러 나오지도 않았다.

"엘리사가 사자를 그에게 보내 이르되 너는 가서 요단 강에 몸을 일곱 번 씻으라 네 살이 회복되어 깨끗하리라 하는지라 나아만이 노하여 물러가며 이르되 내 생각에는 그가 내게로 나와 서서 그의 하나님 여호와의 이름을 부르고 그의 손을 그 부위 위에 흔들어 나병을 고칠까 하였도다 다메섹 강 아바나와 바르발은 이스라엘 모든 강물보다 낫지 아니하냐 내가 거기서 몸을 씻으면 깨끗하게 되지 아니하랴 하고 몸을 돌려 분노하여 떠나니" 왕하 5:10-12.

딱한 처지에 놓였으면서도 나아만은 자신의 완고한 태도에 집착했다. 선지자의 말대로 시도해 보도록 독려했던 종들의 지혜로운 개입이 없었다면, 그는 치유 받지 못했을 것이다. 다행히도 그는 태도를 바꿔서 더러운 요단강에 일곱 번 몸을 적셨다. 그랬더니 문둥병이 사라졌다.

당신은 변화를 거부하는가? 자신의 기대에 집착하는가? 그렇다면 조용한 장소를 찾아서 다음의 질문들을 깊이 생각해 보라.

- 계획 변경에 대해 내가 두려워하는 것은 무엇인가?
- 내가 두려워하는 일들이 전혀 일어나지 않는다면 이 변화는 내 삶을 영적으로, 관계적으로, 정서적으로, 재정적으로, 신체적으로 어떻게 향상시킬 수 있을까?
- 변화를 거부함으로 그분의 완벽한 뜻을 외면하고 있지는 않은가? 완고함은 결과를 스스로 다스리려는 시도이다. 많은 사람들이 하

나님의 최선책을 놓치는 것은 나아만처럼 하나님을 상자에 가두고 그 상자 속에서만 해답을 찾으려 하기 때문이다.

- 나는 혹시 게으르거나 자기 만족에 빠져서 변화에 필요한 시간과 노력을 투자하지 않고 있지는 않은가?

매일 어떤 일을 간단한 것이라도 다른 방법으로도 시도해 보라. 예를 들면, 일터로 갈 때 다른 길을 선택하거나, 교회에서 다른 자리에 앉거나, 모르는 사람과 대화를 시도하라. 그리고 변화에 관한 위인들의 말을 깊이 생각해 보라.5)

- "모든 사람은 네 가지 자질을 지니고 있다. 자기 인식, 양심, 독립적인 의지, 그리고 창의적 상상력이다. 이것들은 우리에게 궁극적인 자유를, 선택하고 반응하며 변할 수 있는 힘을 제공한다." _스티븐 코비
- "변화는 삶의 법칙이다. 과거나 현재만 보는 자들은 미래를 놓치기 마련이다." _존 F. 케네디
- "세상은 변화를 싫어하지만 진보를 이루게 하는 것은 변화뿐이다." _찰스 F. 케터링

---

5) http://creatingminds.org/quotes/change.htm(2009년 4월 13일 접속).

- "사람은 변화를 조종하지 못한다. 다만 변화를 위해 앞장설 수 있을 뿐이다." _피터 F. 드러커

오늘의 기도 30 Days to a Great Attitude

주여, 저의 모든 길에서 주님을 인정함으로 주의 인도를 받을 수 있도록 도와주소서. 주님의 목적을 이루기 위해 마련하신 모든 변화를 포용할 수 있는 정서적인, 영적인 힘을 제게 허락하여 주시기를 원합니다. 예수님의 이름으로 기도합니다. 아멘.

사망아 너의 승리가 어디 있느냐 사망아 네가 쏘는 것이 어디 있느냐
사망이 쏘는 것은 죄요 죄의 권능은 율법이라
우리 주 예수 그리스도로 말미암아 우리에게
승리를 주시는 하나님께 감사하노니 고전 15:55-57

태|도|다|스|리|기 4

승리를 가져다주는
태도 갖추기

30 Days to a Great

Attitude

Attude

순교자인 체하는 태도, 순수하게 섬기는 태도

"사랑에는 거짓이 없나니 악을 미워하고 선에 속하라" 롬 12:9

그녀는 자신의 어깨로 세상 짐을 다 진다. 그리고 모두에게 그 사실을 알리려 한다.

"나는 이웃 노인을 의사에게 데려가야 하기 때문에 오늘 조퇴했어. 시내에는 그의 친척이 없거든.", "나는 너무 지쳤어. 다른 임원들이 빈둥거리는 동안 나는 그 계획을 위해 16시간 동안이나 일했어.", "휴일에 손님 맞을 준비를 하느라고 나 혼자서 집 안 전체를 청소해야 했어. 남편과 아이들은 손가락 하나도 까딱하지 않더라."

친숙한 말들인가? 거짓 순교자를 보라. 그녀는 그릇된 의무감에서 희생하며 다른 사람들의 동정과 관심에서 만족을 얻는다. 이런 사람은 가정, 회사, 교회, 학교, 사회단체 등 모든 인간관계의 영역에서 발견될 수 있다.

이렇게 질문하는 사람이 있을지도 모르겠다. "하지만 순교는 숭고한 행위 아닌가? 참된 순교자란 어떤 사람이지?"

참된 순교자는 많은 사람들의 유익을 위해 자신의 생명이나 개인적인 자유를 희생한다. 유명한 순교자들 중에 흑인의 평등한 시민권을 위해 싸웠던 인물인 마틴 루터킹 주니어Martin Luther King Jr. 목사가 있다. 그리고 루터교회 목사이자 신학자인 디트리히 본회퍼Dietrich Bonhoeffer는 아돌프 히틀러의 유대인 핍박 정책에 공개적으로 저항하다가 나치 정권에 의하여 처형당했다. 거짓 순교자와는 달리 그들은 대의를 위한 순수한 열정에서 자신의 목숨을 내어 주었다. 일생 동안 자신의 희생을 자랑하거나 영예의 배지로 삼지 않았다.

순교자인 체하는 태도는 인간관계에 매우 부정적인 영향을 미칠 수 있다. 그런 사람 곁에 있으면 대체로 지치고 불쾌해진다. 거짓 순교자는 자신의 봉사와 관련하여 불평을 늘어놓기 때문이다. 자신의 희생에 찬사를 보내거나 따라하지 않는 사람들로 하여금 죄책감을 느끼게 하려는 자도 있다. 어떤 거짓 순교자는 남편과 내가 어려운 사람들을 도울 줄 모른다며 비난했다. 이는 우리 부부가 자선 행위를 공공연하게 알리지 않았기 때문이다.

당신은 어떠한가? 다른 사람들의 호의나 사랑이나 충성을 얻기 위해 희생하는가? 당신의 희생에 감사하지 않는 사람들에 대해 분노하는가? 누군가에게 속박될까 봐 두려워서 도움을 구하지 않는가? 이러한 사고방식에서 벗어나기를 원한다면 30일 동안 다음의 전략을 시도하라.

신실하게 섬기라

"사랑에 꾸밈이 없게 하라. 악한 것을 몹시 싫어하고 선한 것에 붙어 있으라"롬 12:9, 킹제임스 흠정역. 당신이 희생하는 진짜 목적에 대해 솔직해지라. 진짜 동기를 아는 분은 하나님뿐이다. 성경이 그것을 분간하도록 도와줄 것이다. "하나님의 말씀은 살아 있고 활력이 있어 좌우에 날선 어떤 검보다도 예리하여……또 마음의 생각과 뜻을 판단하나니"히 4:12. 동기의 순수성과 지혜를 얻기 위해 나는 매일 아침 잠언을 한 장씩 읽을 것을 권하고 싶다.

말없이 섬기라

당신의 희생에 대해 언급하거나 불평하지 말라. 그런 습관이 형성되기 전에 자신을 다잡아야 한다. 어떤 그룹 내에서 기둥 역할을 하려는 경향이 있는 사람에게 이런 습관이 형성되기 쉽다. 희생한 일에 대해 불평하지 말라. 하나님이 귀한 기질과 기술과 자원을 우리에게 주신 것은 그분의 영광을 위해 사용되도록 하기 위함이다. "무릇 많이 받은 자에게는 많이 요구할 것이요 많이 맡은 자에게는 많이 달라 할 것이니라" 눅 12:48. 하나님이 요구하시는 일에 대해 불평하지 말라.

선택적으로 섬기라

희생하기 전에 기도하라. 그 희생이 당신의 계산에 의해 계획된 것이 아니라, 하나님의 뜻에 합당한 것이게 하라. 그리고 성령의 인도에 따른 것이 아니고 스스로의 죄책감에 따른 희생이라면 거부하라. 진실한 마음에서 나온 희생이 아니거나 그 과정에서 하나님의 평안을 느낄 수 없다면 거부할 수 있는 용기를 주실 것을 기도하라.

오늘의 기도 30 Days to a Great Attitude

하나님 아버지, 다른 사람들을 순수한 마음에서 섬기지 않았던 것을 용서해 주소서. 저의 불안한 마음과 불순한 동기를 치유하여 주시고, 즐거이 섬길 수 있도록 도와주소서. 예수님의 이름으로 기도합니다. 아멘.

빈정대는 태도, 용납하는 태도

"무릇 더러운 말은 너희 입 밖에도 내지 말고 오직 덕을 세우는 데 소용되는 대로 선한 말을 하여 듣는 자들에게 은혜를 끼치게 하라" 엡 4:29

살인자 제임스 로저스는 총살당하기 직전 마지막 부탁이 있느냐는 질문을 받았다. 그는 "물론 있죠. 저는 방탄조끼를 입고 싶습니다."라고 대답했다.6) 심지어 죽음의 순간에도 그는 빈정대고 싶은 마음을 누를 수 없었다.

종종 당신은 다른 사람들에게 속마음과는 정반대의 반응을 보이는가? 그것이 정반대라는 사실은 당신의 어조나 신체의 동작 억지웃음, 눈

---

6) http://www.anecdotage.com/browse.php?term=Sarcasm(2009년 4월 16일 접속).

썹 추켜올리기, 고개를 갸우뚱하기, 한숨짓기 등에서 드러난다. 빈정거림은 인간관계를 망칠 수 있다. 왜냐하면 대체로 빈정대는 것은 경멸, 비하, 모욕, 비난을 목표로 삼기 때문이다. 빈정대는 것은 사회 곳곳에서 발견할 수 있다. 몇 가지 예를 살펴보자.

- 아들이 전 과목에서 낮은 점수를 받은 성적표를 가지고 왔다. 아빠는 "아인슈타인, 아주 잘했구나 잘했어!" 하고 말한다. 아빠는 정반대의 사실을 말함으로써 자신의 실망감을 표현하고 있다.
- 신인 야구선수가 삼진 아웃 당했다. 벌써 세 번째이다. 코치는 "잘한다, 쟤!" 하고 소리를 질렀다.
- 존이 아내에게 자그마한 다이아몬드 귀고리를 사줬다. 더 큰 보석을 원했던 아내는 "여보, 이건 정말 사람들의 눈을 멀게 할 정도로 크네요!"

빈정댐이 항상 잘못되었다는 것은 아니다. 심지어 성경에서도 이런 표현이 사용된 경우들이 있다. 가장 주목할 만한 사례를 엘리야와 바알 선지자들의 대결 장면에서 엿볼 수 있다.

바알 선지자들이 먼저 나섰다. 그들은 제단에 희생 짐승을 올려두고 불로 살라 줄 것을 신에게 요청했다. 여러 시간이 지나도 아무런 반응이 없자 엘리야가 빈정댔다. "큰 소리로 부르라 그는 신인즉 묵상하고 있는지 혹은 그가 잠깐 나갔는지 혹은 그가 길을 행하는지 혹은 그가 잠이 들어서 깨워야 할 것인지"왕상 18:27. 이 경우에 엘리야는 거짓 신을 섬기는 바알 선지자들의 어리석음을 지적하기 위해 정당하게 빈정댔다. 나무들을 베어 절반을 땔감으로 쓰고, 나머지 절반을 우상 제조에 사용한 사람들을 조롱하기 위해 하나님은 친히 빈정대는 표현을 쓰셨다사 44:13-20.

빈정대는 태도가 당신의 삶에 어떤 영향을 미쳤는가? 다른 사람들에게 실망하거나 조바심 날 때 당신은 주로 어떤 반응을 보이는가? 어쩌면 당신은 자신이 빈정거리는 것이 아니라, 다만 재치 있는 사람일 뿐이라고 생각할지도 모르겠다. 하지만 아무리 웃음으로 위장하려 해도 빈정댐은 농담과 다르다. 빈정댐이 상대방을 위축시킨다는 점을 당신이 깨닫고 있지 못하는 것일 수도 있다. 빈정댐으로는 친구를 얻거나 사람들에게 좋은 영향을 미칠 수 없다. 이 나쁜 의사소통 방식에 대처하고 싶다면 아래의 전략들을 활용하라.

빈정대는 동기를 인정하라

당신은 상대방을 조종하거나 당신의 마음에 들지 않는 행동에 대해 수치심을 느끼게 하려 할 수도 있다. 하지만 당신이 조종할 수 있는 유일한 사람은 자기 자신뿐이다. 혹은 상대방의 결함을 지적함으로써 당신의 지적 우월성을 과시하려 할 수도 있다.

불만을 표현하려면 보다 직접적인 방법을 사용하라

상대방의 의중을 이해하기 위해서는 애매하게 질문하는 것보다는 간명하게 질문하는 것이 훨씬 더 효과적이다. 올바른 말을 하게 해달라고 하나님께 간구하라. 그러면 하나님이 그 간구를 들어주실 것이다. "지혜자의 마음은 때와 판단을 분변하나니 무슨 일에든지 때와 판단이 있으므로" 전 8:5-6.

말하기 전 그 말에 함축된 의미와 그 결과를 생각하라

이렇게 스스로 물어보라. "내 말 속에는 상대방이 어리석다거나 그의 판단력이 영 아니라는 뜻이 담겨 있을까? 내 말을 듣고 그가 위축될까 아니면 그에게 격려가 될까?" "무릇 더러운 말은 너희 입 밖에도 내지 말고 오직 덕을 세우는 데 소용되는 대로 선한 말을 하여 듣는 자들에게 은혜를 끼치게 하라" 엡 4:29.

당신이 하려는 말을 남에게서 들으면 어떤 기분일지 생각하라

황금률을 지침으로 삼으라. "남에게 대접을 받고자 하는 대로 너희도 남을 대접하라" 눅 6:31.

오늘의 기도 30 Days to a Great Attitude

하나님 아버지, 제가 다른 사람들에게 말할 때 보다 주의하려면 지혜가 필요합니다. 주님이 저의 부족함을 용납하시듯이, 저도 다른 사람의 부족한 모습을 더 많이 품어 주는 법을 배우기를 원합니다. 가르쳐 주소서. 예수님의 이름으로 기도합니다. 아멘.

보복적인 태도, 하나님께 맡기는 태도

"내 사랑하는 자들아 너희가 친히 원수를 갚지 말고
하나님의 진노하심에 맡기라 기록되었으되 원수 갚는 것이 내게 있으니
내가 갚으리라고 주께서 말씀하시니라" 롬 12:19

"화내지 말고 되갚아 주라!"는 말이 있다. 우리 중 대부분은 자신이 피해를 받은 만큼 보복하려는 욕구를 지니고 있음을 인정할 것이다. 비록 직접 보복하지는 않더라도, 우리는 가해자가 누군가에 의해 마땅한 대가를 치르게 된다는 생각을 좋아할 수 있다.

성경에는 보복적인 인물들로 가득하다. 연구해 본 결과, 그들 중에서 삶이 해피엔딩으로 끝나는 사람은 아무도 없었다. 페르시아의 총리대신이었던 하만을 생각해 보라. 유대인 모르드개가 하만에게 절하기를 거부하자 하만은 유대인 전체를 멸절시키려 했다. 주도면밀하게 꾸며진 그의 음모는 도리어 그 자신을 죽음으로 몰아갔다. 그리고 그의 전 재산은 모르드개에게 돌아갔다에 3-9장.

다윗 왕의 아들 압살롬의 복수는 어떤가? 자신의 여동생 다말을 배다른 형제 암논이 강간하자, 압살롬은 2년 동안 분노를 삭이지 못하다가 결국 양털 수확 축제를 이용하여 암논을 살해했다. 그 끔찍한 사건을 다윗의 조카가 이렇게 설명했다. "그가 압살롬의 누이 다말을 욕되게 한 날부터 압살롬이 결심한 것이니이다"삼하 13:32. 압살롬은 결국 도망쳤다. 비록 몇 년 후에 다윗이 그의 귀환을 허락했으나, 부자 관계는 결코 이전과 같지 않았다. 후에 압살롬은 왕좌를 차지하려고 반역을 일으켰다가 죽임을 당했다.

보복하려는 마음을 어떻게 하면 억제할 수 있을까? 여기 몇 가지 전략이 있다.

보복하고 싶은 마음을 입에 올리지 말라

"너는 그가 내게 행함같이 나도 그에게 행하여 그가 행한 대로 그 사람에게 갚겠다 말하지 말지니라"잠 24:29. 가해 행위와 가해자에 대해 애기하면 감정적인 상처가 되살아나고 분노가 끓어오른다. 또한 악한을 계속 언급하는 것은 보복의 일종이기도 하다. 그의 이미지를 망가뜨림으로써 만족을 얻으려 하기 때문이다.

하나님의 공의를 믿으라

공의 체계를 믿지 않기 때문에, 권한 있는 자의 조치가 미흡하기 때문에 보복을 꾀하는 경우가 종종 있다. 자신의 손으로 처리하려는 것이다. 압살롬의 암논 살해 이야기에서 다윗 왕은 강간 사건 당시 암논에 대해 분노했으나 아무런 처벌도 하지 않았다. 그 결과 압살롬 자신이 악을 제거하기로 결심한 것이었다.

어떤 형태의 보복도 시도하지 말라

어떤 보복 행위는 압살롬의 경우만큼 심각하지 않을 수도 있다. 그러나 보복 시도는 하나같이 하나님의 말씀을 어기는 것이다.

당신의 보복 행위가 어떤 형태인지 생각해 보라. 가해자에게 욕설을 퍼부었는가? 무시했는가? 빈정댔는가? 협력을 거부하려고 모르는 체했는가? 대면을 회피했는가? 개인 재산을 파손했는가? 신체적 폭력이나 언어폭력을 가했는가? 회사의 물자를 허락 없이 가져갔는가? 가해 종업원에게 작업 규정을 더 엄격하게 적용했는가? 가해자를 실망시키려고 일부러 보조를 늦추었는가? 배우자와의 성관계를 거부했는가?

이러한 것들은 우리가 삼가야 할 행동들의 일부일 뿐이다. 악에 대해 보복할 권한을 지닌 분은 오직 하나님뿐이다. "내 사랑하는 자들아 너희가 친히 원수를 갚지 말고 하나님의 진노하심에 맡기라 기록되었으되 원수 갚는 것이 내게 있으니 내가 갚으리라고 주께서 말씀하시니라" 롬 12:19.

여러 해 동안 보복적인 태도와 씨름한 후에 내가 확실히 알게 된 사실은, 악을 악으로 갚으면 만족스러울 수 없다는 것이다. 게다가 당신에게 해를 끼친 사람이 현재 진정으로 변화되었을 수도 있다. 만일 하나님이 당신의 범죄를 영원히 징벌하신다면 어떻게 될까? 끝으로, 보복은 마음의 평안을 파괴한다. 그것이 하나님의 기분을 상하게 하기 때문이다. 오늘 그러한 마음을 물리치라.

오늘의 기도 30 Days to a Great Attitude

하나님 아버지, 오직 주님의 성령의 능력을 통해서만, 어떤 이유에서든 어떤 사람에게든 보복하려는 마음에서 놓여날 수 있습니다. 주의 평안 가운데서 행하기를 원합니다. 그리고 제가 당한 모든 피해에 대한 보응을 주님께 맡기기를 원합니다. 예수님의 이름으로 기도합니다. 아멘.

부족의 심리를 지닌 태도, 풍요의 심리를 지닌 태도

"내가 온 것은 양으로 생명을 얻게 하고 더 풍성히 얻게 하려는 것이라" 요 10:10

"아니, 어떻게 그런 식으로 우리의 사업을 방해할 수 있어요? 우리가 여기서 제품을 팔고 있는데 왜 당신은 로스앤젤레스 도매 구역에서 쇼핑하도록 여자들을 부추기는 겁니까?" 화가 잔뜩 난 의류 행상인 대표자가 내게 따지고 들었다.

무려 25여 년 전에 일어난 일이지만 아직도 생생하게 기억난다. 나는 우리 교회에서 매년 열리는 한 여성협의회의 강연자로 초청받았다. 예산에 맞게 쇼핑하는 법에 관한 협의회였다. 교인들 중에서 액

세서리나 여성 의류 따위를 파는 여성 행상인들은 하루 행사를 위해 임시 점포를 하나씩 구입했다. 나는 그 행상인들이 우리 교회 여성들만을 고객으로 여기고 있는 줄 몰랐다. 만일 알았다면 도매 구역을 추천하지도 않았을 것이다. 행상인 대표는 나의 추천 때문에 그들의 매출에 차질이 생길 것이라고 말했다.

그 대표자의 화내는 모습에 깜짝 놀란 나는 '너무 눈앞의 일에만 사로잡혀 있군. 너무 믿음이 없어!' 라고 생각했다.

그로부터 몇 년 후에 스티븐 코비의 베스트셀러인 『성공하는 사람들의 7가지 습관』에서 그런 사고방식에 대해 썼다. 그는 그것을 "부족의 심리"라고 불렀다. "대부분의 사람들은…… 마치 파이가 하나뿐인 것처럼 생각한다. 만일 누군가가 그 파이의 커다란 조각을 가지면 다른 사람들의 몫은 줄어들 것이라고 생각한다."[7] 그는 이 태도를 소위 "풍요의 심리"와 대조했다. 풍요의 심리를 지닌 사람은 모두가 나누기에 충분한 자원이 있다고 믿는다.

나는 인간관계의 모든 국면에서 부족의 심리를 보아 왔다. 간단한

---

[7] Stephen R. Covey, *The Seven Habits of Highly Effective People* (New York: Simon and Schuster, 1989), p. 219.

과자 레시피를 공유하는 것도 불안해하는 여성이 있다. 어떤 동기부여 강사는 자신이 출강한 기업체를 정보공유그룹에 소개하지 않으려 한다. 그룹원들에게 자신의 일터를 빼앗길까 봐 우려했기 때문이다. 나는 그처럼 제한된 사고를 가진 사람과 관계망을 구축하고 싶지 않았다.

가족 내에서도 이러한 태도를 엿볼 수 있다. Y라는 형제에게 X라는 형제를 칭찬하면 Y는 X의 행동에 대해 흠잡으려 할 것이다.

초대 교회에도 이런 태도를 가진 사람들이 있었다. 교회 지도자 디오드레베는 자신의 교회에 사도 요한이나 다른 지도자들이 와서 설교하는 것을 허락하지 않으려 했다. 그 이유를 요한이 설명한다. "내가 두어 자를 교회에 썼으나 그들 중에 으뜸되기를 좋아하는 디오드레베가 우리를 맞아들이지 아니하니" 요삼 9절. 디오드레베는 교회 내에서 자신의 탁월함이나 인기를 잃을까 봐 두려워했다. 사랑이나 감사나 충성과 같은 무형 자산이 결핍될 수 있을까?

나는 부족의 심리를 나타내는 태도가 많은 사람들의 계획과 창의적인 생각을 저해하는 것을 보아 왔다. 특정 주제에 대해 쓰려는 꿈을 포기하는 작가 지망생들이 있다. 다른 누군가가 그런 내용을 이미

썼기 때문이다. 본서를 쓰면서 나 역시 '태도에 관한 책들이 이미 나와 있는데 누가 과연 내 글을 필요로 할까?'라는 생각을 극복해야 했다. "당신의 책을 쓰세요. 그 책을 읽을 사람이 반드시 있을 것입니다."라는 말이 생각났다.

만일 당신이 인간관계에서나 직장에서나 다른 중요한 삶의 영역들에서 부족의 심리를 보이는 태도가 드러난다면 그런 사고방식의 뿌리가 무엇인지 깊이 생각해 보라. 그것은 두려움에 뿌리를 두고 있으며, 우리의 모든 필요를 공급하시는 하나님의 놀라운 능력에 대한 불신을 보여 준다.

또한 그것은 다른 누군가가 무엇인가를 가지면 당신의 몫이 없어진다고 하는 잘못된 가정에 근거하고 있다. 파이가 하나뿐이기 때문에 다른 사람이 먹는 만큼 당신의 몫이 적어진다고 생각하는 것이다. "네가 얻으면 내가 잃는다."는 멍청한 생각은 즉시 멈춰야 한다. 나눌 때 당신의 몫이 적어진다고 생각하면 팀플레이를 제대로 할 수 없다. 그것은 풍성한 삶을 사는 방법이 아니다.

오늘부터 생각을 새롭게 바꾸라. 삶의 모든 영역에서 어떤 일로든 누구와도 경쟁 관계에 있지 않음을 기억하라. 예수님의 말씀을 명심하라. "내가 온 것은 양으로 생명을 얻게 하고 더 풍성히 얻게 하려는 것이라" 요 10:10.

오늘의 기도 30 Days to a Great Attitude

하나님 아버지, 부족할 것이라는 생각을 내버리도록 도와주소서. 저의 시간과 재능과 재물과 관계를 통해 다른 사람들을 도와서 그들의 목표를 달성할 수 있게 해주소서. 예수님의 이름으로 기도합니다. 아멘.

Attitude

자기 의를 내세우는 태도, 자신을 낮추는 태도

"무릇 자기를 높이는 자는 낮아지고 자기를 낮추는 자는 높아지리라 하시니라" 눅 18:9-14

내 친구 데비는 다른 교단들보다 우월하다고 가르치는 교단에서 자랐다. 그 교단이 스스로 우월하게 여기는 것은 방언을 했기 때문이다. 그리고 영화관에 가거나, 메이크업을 하거나, 손톱에 매니큐어를 바르거나, 스포츠를 즐기거나, 여자가 바지를 입거나, 레크리에이션 따위를 하지 않기 때문이었다. 데비는 이런 엄격한 규칙 준수를 가장 강조하는 몇몇 교단 지도자들이 간음과 탐욕과 다른 여러 죄들을 저질렀음을 나중에 알게 되었다.

대학 졸업 후 데비는 다른 지역으로 이사하여 바지나 메이크업을 전혀 문제 삼지 않는 교회에 다녔다. 처음에는 매우 당황스러웠다. 한쪽 코너에 점잖게 앉아서 교인들의 세상적인 방식을 비판했다. 하지만 그 교회에서 하나님의 능력이 나타나는 것을 그녀는 부인할 수 없었다. 교인들은 치유, 예언, 이적 등의 영적 은사와 다른 성령의 능력을 보였다.

마침내 데비는 자신의 여러 확신들이 사람에 의해 만들어진 전통의 결과임을 깨달았다. 그 교인들 중에는 정말 세상적으로 생활하는 사람들도 있었다. 그러나 하나님은 그들에게도 은혜를 베푸셨다.

엄격한 율법 준수를 주장했던 유대종파인 바리새파도 데비와 비슷한 사고방식을 지녔다. 예수님은 그들을 질책하셨다.

"또 자기를 의롭다고 믿고 다른 사람을 멸시하는 자들에게 이 비유로 말씀하시되 두 사람이 기도하러 성전에 올라가니 하나는 바리새인이요 하나는 세리라 바리새인은 서서 따로 기도하여 이르되 하나님이여 나는 다른 사람들 곧 토색, 불의, 간음을 하는 자들과 같지 아니하고 이 세리와도 같지 아니함을 감사하나이다 나는 이레에 두 번씩 금식하고 또 소득의 십일조를 드리나이다 하고 세리는 멀리 서서 감히 눈을 들어 하늘을 쳐다보지도 못하고 다만 가슴을 치며 이르되 하나님이여 불쌍히 여기소서 나는 죄인이로소이다 하였느니라 내가 너희에게 이르노니 이에 저 바리새인이 아니고 이 사람이 의롭다 하심을 받고 그의 집으로 내려갔느니라 무릇 자기를 높이는 자는 낮아지고 자기를 낮추는 자는 높아지리라 하시니라" 눅 18:9-14.

이 비유에서 볼 때 분명히 하나님은 '자기 의'self-righteousness를 내세우는 위선자보다 솔직한 죄인에게 더 관대하시다. 물론 금식과 십일조 생활은 경건한 일이다. 그러나 하나님은 바리새인들이 자기 의를 내세우는 것을 포함한 여러 가지 죄를 저질렀음을 아셨다. 마태복음 23장 거의 전체에 걸쳐 하나님이 바리새파의 행위를 질책하신 내용이 나온다.

당신을 교만하게 만든 '선한 행위'는 무엇인가? 당신은 일평생 열심히 일하여 정부의 지원을 전혀 필요로 하지 않는 사람일지도 모른다. 정부의 지원을 받는 사람을 비판하는 편인가? 소득세 신고를 속인 적은 없는가? 혹은 배우자에 대한 정절을 더럽힌 적이 없다는 점을 자랑으로 여길 수도 있다. 그래서 성적으로 부도덕한 자들을 혐오한다. 사무실에서 감정적 불륜을 범한 것에 대해서는 대수롭지 않게 여기는가? 연령 제한 영화를 보거나 포르노 웹사이트를 살짝 들여다 본 것에 대해서는 어떤가?

내가 이 문제를 지적하는 목적은 의를 추구하는 욕구에 찬물을 끼얹기 위함이 아니다. 다만 우리 모두가 죄를 범했고, 하나님의 요구 조건에 미치지 못함을 상기시키기 위함이다. 우리가 자신을 선하고 의롭게 여기는 것은 하나님께 더 가까워지기보다는 인간적인 기준에 근접하기 때문이다.

우리가 하나님께 더 가까워질수록 하나님 말씀의 빛이 우리의 결함을 더 많이 비춘다. 그리고 그분의 은혜와 자비의 필요성을 더 많이 깨닫게 된다. 우리의 연약함과 약점을 인정하며 나아갈 때 사람들은 우리와 더 가까워지고 싶어 하게 될 것이다. 내가 영적 삶에서 대성공을 거두고 있다고 느끼는 바로 그 시점에, 주님 앞에 엎드려 용서를 구하게 만드는 사건이 일어날 것이다. 그것은 대개 성급하거나 비판적인 태도로 내뱉은 어리석은 말 때문에 일어난다.

언젠가 내가 어느 초대형 교회에서 재정국장으로 일할 때 회중 가운데서 가장 옷을 잘 입는 여성 중 하나가 10달러짜리 수표를 부도냈다. 나는 누가복음 18장의 바리새인과 비슷한 생각을 했다. "주여, 제가 저 자매와 같지 않음을 감사합니다. 저는 30여 년 동안 십일조 생활을 신실하게 해왔고, 지출의 우선순위를 철저히 지키려고 노력했기 때문에 저의 수표가 부도난 적이 한 번도 없습니다. 게다가 저는……"

주님이 내 말을 끊으셨다. "비판을 받지 아니하려거든 비판하지 말라" 마 7:1.

우리는 궤도에서 이탈하기 너무 쉽다. 이런 때에 성령께서 이렇게 말씀하신다. "너 자신의 힘으로는 경건한 삶을 살 수 없다. 따라서 네가 저지르지 않은 죄들에 대해 교만해지지 말라. '너희 안에서 행하시는 이는 하나님이시니 자기의 기쁘신 뜻을 위하여 너희에게 소원을 두고 행하게' 하시기 때문이다 빌 2:13. 옳은 행동은 너의 육신적인 본성에서 나오지 않는다. 그러므로 자비로운 마음을 지니며, 주님이 네게 베푸시는 은혜를 다른 사람들에게도 전하라."

우리 모두의 도전이 여기 있다. 자기 의를 의로 여기는 속임수를 이제 중단하자. 그것은 다른 사람들과 자신을 속이는 짓이다. 우리는 이 죄악과 다른 모든 죄들을 매일 회개할 필요가 있다. 사람이 만든 기준으로 남을 판단하지 말라. 우리가 판단하는 상태에 있을 때에는 다른 사람들을 포용하거나 그들의 포용을 받기가 힘들다. 하나님의 말씀에 따라 설정된 기준을 어긴 자들을 위해 기도하라. 다른 사람들을 판단하고 싶을 때 하나님의 도구로 사용될 수 없을 정도로 '너무 악한' 사람은 없으며, 어떤 사람도 '너무나 선해질 수' 있음을 기억하라.

우리가 지닌 유일한 의는 하나님으로부터 온다. 하나님이 예수 그리스도의 피를 통해 그 의를 우리에게 주셨다. 우리의 선한 행실로 그것을 얻을 수는 없다.

오늘의 기도 30 Days to a Great Attitude

하나님 아버지, 주님 보시기에 불의한 모든 행위가 죄임을 상기시켜 주시기를 원합니다. 저의 행위를 정당화하거나 다른 사람들의 행위를 판단하지 않도록 도와주소서. 예수님의 이름으로 기도합니다. 아멘.

Attitude

뚱한 태도, 표현하는 태도

"이스르엘 사람 나봇이 아합에게 대답하여 이르기를
내 조상의 유산을 왕께 줄 수 없다 하므로 아합이 근심하고 답답하여
왕궁으로 돌아와 침상에 누워 얼굴을 돌리고 식사를 아니하니" 왕상 21:4

우리는 계산대에서 좀처럼 인사할 줄 모르는 점원에게서 이런 태도를 접한다. 살기 싫어하는 것 같은 10대에게서나, 자신이 좋아하거나 싫어하는 것을 생산적인 방식으로 표현할 줄 모르는 시무룩한 종업원이나, 아내나 남자 친구에게서도 이런 태도를 접한다. 그것은 좋지 못한 의사소통법이며 다른 사람을 실망시킨다.

성경에도 뚱한 태도를 보였던 사람들이 나온다. 아합 왕은 나봇의 땅을 사려고 했다가 거절당하자 뚱해졌다.

"이스르엘 사람 나봇이 아합에게 대답하여 이르기를 내 조상의 유산을 왕께 줄 수 없다 하므로 아합이 근심하고 답답하여 왕궁으로 돌아와 침상에 누워 얼굴을 돌리고 식사를 아니하니 그의 아내 이세벨이 그에게 나아와 이르되 왕의 마음에 무엇을 근심하여 식사를 아니하나이까" 왕상 21:4-5.

여기서 우리는 자기 뜻대로 되지 않자 아기처럼 앵돌아진 아합 왕의 모습을 볼 수 있다. 물론 그는 악한 왕이었고, 그런 행동은 자신의 삶을 하나님의 뜻과 목적에 복종시키지 않는 자들에게서 흔히 나타나는 것이다(이 이야기의 비극적인 결말은 이 책 "제30일 통제하는 태도, 배려하는 태도"에서 언급할 것이다).

탕자 이야기에 나오는 '좋은 아들'의 태도는 어떠한가? 나쁜 아들이 전 재산을 탕진하고 비참한 모습으로 돌아왔다. 아버지가 그 아들을 위해 축하 잔치를 열었을 때 좋은 아들은 뚱해져서 잔치에 참석하지도 않았다. "그가 노하여 들어가고자 하지 아니하거늘 아버지가 나와서 권한대" 눅 15:28. 여기서도 우리는 진행되는 일을 싫어하여 자세한 내막을 알아보려고도 하지 않고 뚱해진 사람을 본다. 아버지는 사건의 중요성을 설명해 주었으나 그 뾰로통한 아들의 요구대로 잔치를 취소하지는 않았다.

당신이 상대방이 말할 때 눈알을 굴린다거나, 문을 쾅하고 닫거나, 상대방의 말을 씹거나, 도망친다거나, 자신의 불쾌감을 부정적인 방식으로 나타내고 있다면 성숙해질 필요가 있다. 성숙한 사람은 자신의 마음을 읽어 주기를 기대하기보다는 자신의 관심사를 차분히 표현한다.

뚱한 태도가 전적으로 당신의 잘못인 것만은 아닐 수도 있다. 당신에게 그것을 가르쳐 준 사람들이 있다는 뜻이다. 예를 들면, 부모나 배우자나 직장 상사나 친구들이다. '우리가 허용하는 것으로써 가르친다'고 나는 종종 말한다. 뚱한 태도를 자녀에게 허용함으로써 그런 태도를 보여도 괜찮음을 무의식적으로 가르치는 부모들이 있다.

내가 자랄 때는 뚱한 모습이 받아들여지지 않았다. 그런 태도를 보이면 즉시 책망을 받곤 했다.

어쩌면 배우자나 친구가 토라진 당신의 요구를 들어줌으로써 그런 태도가 효과가 있음을 당신에게 가르쳤을 수도 있다. 30년 넘은 결혼생활에서 나는 우리 부부의 요구나 기대나 실망을 정중하게 표현하는 것을 기본적인 규칙으로 삼아 왔다. 또한 뚱한 태도는 분노의 문을 열어 주며, 결혼이나 다른 여러 관계들의 기초를 망치는 흰개미 같은 것이다. 따라서 당신은 그것을 이겨낼 책임이 있다. 그 방법은 다음과 같다.

- 문제를 '전체적인' 관점에서 파악하라. 당신의 기대가 비합리적일 수 있다. 당신의 요구를 위해 지불되어야 하는 대가가 어느 정도인지를 당신이 이해하지 못했을 수도 있다. 당신의 부탁을 받아들이지 못하게 하는 요인들이 무엇인지에 대해 물어보고, 이해하려고 노력하라. 상대방의 얘기에 귀를 기울이라.
- 완고한 태도를 버리고, 대안적인 해결책을 놓고 기꺼이 의논하라.
- "내 뜻대로가 아니라 주님의 뜻대로 하소서."라는 마음으로 당신의 욕구를 하나님께 복종시키라. 때로는 거절이 더 높은 삶의 목적을 성취하시기 위한 하나님의 방법임을 이해하라.

우리가 원하는 모든 것을 항상 얻지는 못할 것이다. 실망스러운 일을 잘 견뎌내면 인격이 단련된다. 심지어 하나님도 자신이 원하는 모든 것을 얻지는 않으신다. 그는 모두가 구원받기를 바라시지만, 어떤 사람들은 멸망의 길을 선택한다. "주의 약속은 어떤 이들이 더디다고 생각하는 것같이 더딘 것이 아니라 오직 주께서는 너희를 대하여 오래 참으사 아무도 멸망하지 아니하고 다 회개하기에 이르기를 원하시느니라"벧후 3:9.

오늘의 기도 30 Days to a Great Attitude

하나님 아버지, 제가 어떤 것을 바라면서 주님의 뜻을 분별하지도 받아들이지도 않았던 것을 용서해 주시기를 원합니다. 저에게 지혜를 주셔서 저의 요구를 정중히 표현하고 실망스러운 일에도 은혜롭게 반응하게 하소서. 또한 뚱한 모습으로 다른 사람들을 조종하려 들지 않게 하소서. 예수님의 이름으로 기도합니다. 아멘.

여호와께서 보시기에 정직하고 선량한 일을 행하라
그리하면 네가 복을 받고 그 땅에 들어가서 여호와께서 모든 대적을
네 앞에서 쫓아내시겠다고 네 조상들에게 맹세하신
아름다운 땅을 차지하리니 여호와의 말씀과 같으니라 신 6:18

태|도|다|스|리|기 5

삶을 풍성하게 하는
태도 갖추기

30 Days to a Great Attitude

제25일

피해의식을 갖는 태도, 과거를 극복하는 태도

"병자가 대답하되 주여 물이 움직일 때에
나를 못에 넣어 주는 사람이 없어 내가 가는 동안에 다른 사람이 먼저 내려가나이다
예수께서 이르시되 일어나 네 자리를 들고 걸어가라 하시니" 요 5:7-8

예루살렘의 베데스다라는 연못가에 한 병자가 여러 해 동안 누워 있었다. 깊은 절망이 그를 뒤덮었다. 병으로 고통을 당한 지도 무려 38년이 지났다. 많은 불구자들이 이 연못가로 모여 들었다. 주님의 천사가 내려와서 물을 휘저을 때 맨 먼저 물에 들어가는 사람이 치유받는다는 믿음이 있었기 때문이다. 자연히 거기 모인 병자들 사이에는 경쟁심이 생겼다. 위의 병자는 잘 움직일 수 없었기 때문에 그 연못가에 오래 눌어붙어 있을 수밖에 없었다. 그러나 이제 상황이 변하고 있었다.

"예수께서 그 누운 것을 보시고 병이 벌써 오래된 줄 아시고 이르시되 네가 낫고자 하느냐 병자가 대답하되 주여 물이 움직일 때에 나를 못에 넣어 주는 사람이 없어 내가 가는 동안에 다른 사람이 먼저 내려가나이다" 요 5:6-7.

맙소사! "네, 낫고 싶습니다."라고 간단히 말하면 될 것을…… 왜 그렇게 말하지 않았을까? 왜 과거를 들먹이며 한탄했을까? 모든 것을 포기하고 집으로 돌아가지 않은 점으로 봐서 그는 희망의 끈을 놓지 않았던 것 같다. 이 사람이야말로 피해자였다. 중풍으로 고생했을 뿐만 아니라, 치료받으려고 하는 그를 도와줄 친구나 가족이 하나도 없었다. "친구는 사랑이 끊어지지 아니하고 형제는 위급한 때를 위하여 났느니라"고 성경은 말한다 잠 17:17. 그를 도와줄 사람이 아무도 없는 이유는 무엇일까? 그 이유를 알 수는 없지만, 이 내용은 인간관계의 소중함을 새삼 상기시킨다.

본장은 최근의 범죄나 다른 비극적인 사건의 희생자에 대한 내용이 아니다. 과거에 희생당한 경험 배우자나 부모로부터 버림받음, 성폭행이나 언어폭력, 차별대우 등 때문에 앞으로 나아가지 못하는 사람에 대한 내용이다.

그들은 바라는 것을 얻기 위해 자기 연민에 의지한다. 그러나 얼마든지 다르게 생각할 수도 있다.

욥의 경우를 보자. 그는 좋은 사람이었다. "우스 땅에 욥이라 불리는 사람이 있었는데 그 사람은 온전하고 정직하여 하나님을 경외하며 악에서 떠난 자더라"욥 1:1. 하지만 하나님은 그의 자녀와 건강과 재산을 모조리 빼앗아가도록 사단에게 허락하셨다. 이러한 상황에서 그는 하나님께 버림받았다고 생각할 수도 있었다. 그러나 이 말씀을 보라. "이 모든 일에 욥이 범죄하지 아니하고 하나님을 향하여 원망하지 아니하니라"욥 1:22. 얼마나 모범적인가!

불만의 대상이 하나님이든, 사람이든 피해자는 과거의 고통에 집착하며 마음의 상처를 치유받기를 거부한다. 프랑스 철학자 볼테르는 "자신의 불운에 오래 머물수록 그 불운으로 인한 피해는 더 커진다."라고 경고했다. 피해의식을 지닌 사람은 다른 사람들을 몹시 경계한다.

당신은 어떠한가? 마음을 바로잡고 싶은가? 당신이 이런 태도를 지녔음을 기꺼이 인정한다면 그것을 극복하기 위한 다음 몇 가지 방법들을 살펴보자.

과거의 가해자를 새로운 관점에서 보라

"하나님을 사랑하는 자 곧 그의 뜻대로 부르심을 입은 자들에게는 모든 것이 합력하여 선을" 이루므로 롬 8:28, 당신의 고통으로부터 무슨 '선'이 이뤄질 수 있는지 하나님께 여쭤 보라. 흑인 대학생인 앤이 영어교수로부터 심한 차별대우를 받았을 때, 그녀는 글쓰기와 의사소통 기술을 철저히 연마하기로 결심했다. 후에 그녀는 베스트셀러 작가가 되었다. 현재 그녀는 대학 시절의 그 사건에 대해 도리어 감사해하고 있다.

고통을 준 모든 사람들을 용서할 결심을 하라

당신이 가해자로 여기는 자들 중에는 당신의 '피해자 렌즈' 때문에 그렇게 보이는 자들도 있음을 기억하라. 용서는 관계상의 빚을 면제해 주려는 결심이다. 그것은 감정이 아니다.

신뢰하는 사람에게 도와줄 것을 부탁하라

당신의 과거 때문에 관계를 망치는 모습을 볼 때 당신에게 알려 주도록 그들에게 부탁하라.

피해의식을 강화하는 행동을 중단하라

모욕당했던 일이나 다른 가해 행동을 자꾸 입에 담지 말라. "사장은 나를 좋아하지 않아.", "아내는 항상 내가 목표를 이루도록 전혀 도움을 주지 않아.", "남들에 비해서 내 월급은 완전 쥐꼬리야.", "동료들 중에 내 생일을 축하해 주는 사람이 하나도 없어."

패배감과 소외감을 내던지라

미소와 관대함과 진실한 배려로 사람들의 마음을 당기라.

단호한 행동으로 자신의 삶을 책임지라

베데스다 못가의 병자에게 예수님은 "일어나 네 자리를 들고 걸어가라"고 말씀하셨다 요 5:8. 무엇인가를 하라. 장래를 위해 시작하라. 변명은 이제 그만하라!

오늘의 기도 30 Days to a Great Attitude

하나님 아버지, 자기 연민과 피해의식으로부터 저를 구원해 주소서. 저에게 베푸신 주님의 사랑과 도우심을 이제 다른 사람들과 함께 나누겠습니다. 예수님의 이름으로 기도합니다. 아멘.

비관적인 태도, 낙관적인 태도

"무엇에든지 참되며 무엇에든지 경건하며 무엇에든지 옳으며 무엇에든지 정결하며
무엇에든지 사랑 받을 만하며 무엇에든지 칭찬 받을 만하며
무슨 덕이 있든지 무슨 기림이 있든지 이것들을 생각하라" 빌 4:8

"비관적인 관리, 굶주린 군중에 의해 짓밟혀 사망!"

만약 이스라엘 왕 여호람 당시에 대중매체가 있었다면 이 문구가 헤드라인을 장식했을 것이다. 그날에 네 문둥병자들은 적군이 엄청난 양의 양식을 남겨두고 모두 달아났다며 여호람에게 보고했다. 그 양식의 양은 사마리아 성민 전체를 굶주림에서 구하기에 충분했다.

이 이야기는 아람 왕 벤하닷이 예루살렘을 포위하여 식량 공급을 차단하면서부터 시작되었다. 당시의 기근은 심각했다. 인플레이션이

태도 다스리기 30일

걷잡을 수 없을 정도였다. 사람들은 살아남기 위해 나귀 머리를 먹었고, 땔감으로 비둘기 배설물을 썼다. 심지어 두 엄마는 각자의 아기를 차례로 삶아 먹기로 합의하기도 했다 왕하 6:24-7:20.

그런 상황이 지속되도록 허락하신 하나님께 안달이 난 여호람 왕이 선지자 엘리사에게 사람들을 보내어 죽이려 했다. 하지만 그들이 도착했을 때 엘리사는 24시간 내에 기근이 끝나고 넉넉한 음식을 저렴하게 구입할 수 있을 것이라고 예언했다. 그토록 급격한 경제적 전환은 어떤 상황에서나 믿기 힘든 내용이었다. 비관론자에게는 특히 그랬을 것이다.

"그때에 왕이 그의 손에 의지하는 자 곧 한 장관이 하나님의 사람에게 대답하여 이르되 여호와께서 하늘에 창을 내신들 어찌 이런 일이 있으리요 하더라 엘리사가 이르되 네가 네 눈으로 보리라 그러나 그것을 먹지는 못하리라 하니라" 왕하 7:2.

얼마 후 낙관적인 성향의 네 문둥병자들이 굶주림에 지쳐 적의 진영에 들어가서 양식을 구걸하기로 결심했다. 그때 하나님은 아람 군사들의 귀에 환청이 들리게 하셨다. 세 갈래의 군대가 맹렬히 공격해

들어오는 소리였다. 아람 군사들은 목숨을 부지하기 위해 말, 음식, 의복, 무기 등을 고스란히 남겨둔 채 모조리 맨발로 달아났다. 문둥병자들은 너무 기뻤다. 실컷 먹은 후에 그 소식을 왕에게 알렸다. 아이러니하게도 왕 역시 앞의 관원과 똑같이 비관적인 태도를 보였다 (혹시 그가 관원의 태도에 영향을 미쳤던 것은 아닐까?).

"왕이 밤에 일어나 그의 신복들에게 이르되 아람 사람이 우리에게 행한 것을 내가 너희에게 알게 하노니 그들이 우리가 주린 것을 알고 있<u>으므로</u> 그 진영을 떠나서 들에 매복하고 스스로 이르기를 그들이 성읍에서 나오거든 우리가 사로잡고 성읍에 들어가겠다 한 것이니라" 왕하 7:12.

왕이 정탐꾼들을 급히 파견했고, 그들은 문둥병자들의 얘기가 사실임을 확인했다.

"왕이 그의 손에 의지하였던 그의 장관을 세워 성문을 지키게 하였더니 백성이 성문에서 그를 밟으매 하나님의 사람의 말대로 죽었으니 곧 왕이 내려왔을 때에 그가 말한 대로라" 왕하 7:17.

태도 다스리기 30일

그 관리의 비관주의가 그의 목숨을 앗아갔다.

당신은 어떠한가? 비관주의가 당신의 삶을 궁핍하게 만들고 있지는 않은가? 오랫동안의 부정적인 경험이나 계속되는 실패와 좌절이 모든 상황을 어둡게만 보게 했는가? 어쩌면 당신은 자신의 비관적인 성향을 자각조차 못하고 있을지도 모른다. 예를 들면, 미래에 대해 절망감을 표현하거나, 자신이나 다른 사람들의 능력을 과소평가하거나, 개인적인 성장 기회를 거부하거나, 불공평한 삶에 대해 불평하는 성향이다. 이런 태도를 극복하고 싶은가?

유명한 그리스도인 정신과의사인 폴 마이어 박사의 말에 주목하자. "태도는 생각의 습관이며, 습관은 후천적으로 습득되는 것이다. 반복되는 행동은 태도를 만들어 낸다." 하나님의 말씀도 생각 전환을 위한 실천적인 조언을 제시한다. "무엇에든지 참되며 무엇에든지 경건하며 무엇에든지 옳으며 무엇에든지 정결하며 무엇에든지 사랑 받을 만하며 무엇에든지 칭찬 받을 만하며 무슨 덕이 있든지 무슨 기림이 있든지 이것들을 생각하라"빌 4:8.

비관주의를 극복하려면 생각의 전환 그 이상이 필요하다. 행동도 바꿔야 한다. 다른 비관주의자들과의 접촉을 제한하거나 아예 금해야 한다. 낙관적인 사람들을 만나기 시작하라. 그들을 다시 만나라는 말이 더 적절할지도 모른다. 왜냐하면 당신의 비관주의 때문에 가족이나 직장 동료 또는 친구들이 당신을 멀리했을 것이기 때문이다. 비관론자와 함께 있는 것은 미운 사람과 함께 소풍 가는 것과 같다.

다음 전략들도 도움이 될 것이다.

- 비관주의를 극복하려는 결심을 다른 사람들에게 솔직하게 얘기하라. 당신이 부정적일 때 지적해 줄 것을 그들에게 부탁하라.
- 대중매체, 영화, 음악 등을 통해 부정적인 정보에 노출되지 않도록 유의하라.
- 불우한 이웃들을 위한 자원 봉사를 하라. 봉사는 긍정적인 기분을 조성하며 삶의 가치를 느끼게 한다.

당신은 영원한 낙관론자가 될 수 있다. 모든 상황에서 좋은 면을 바라보라. 제33대 미국 대통령 해리 S. 트루먼의 말을 기억하라. "비관론자는 기회를 역경으로 만드는 사람이고, 낙관론자는 역경을 기회로 만드는 사람이다."

오늘의 기도 30 Days to a Great Attitude

하나님 아버지, 저를 강하게 하시는 예수 그리스도를 통해 제가 모든 것을 할 수 있음을 기억하도록 도와주소서. 비관적인 시야가 낙관적인 시야로 바뀔 수 있음을 믿습니다. 예수님의 이름으로 기도합니다. 아멘.

반항적인 태도, 순종적인 태도

"순종이 제사보다 낫고 듣는 것이 숫양의 기름보다 나으니
이는 거역하는 것은 점치는 죄와 같고
완고한 것은 사신 우상에게 절하는 죄와 같음이라" 삼상 15:22-23

아담과 이브로부터 사장의 지시를 무시하는 사원에 이르기까지, 인간의 마음속에는 반항이라는 것이 자리 잡고 있다. 그러나 하나님의 자녀에게는 권위에 대한 복종이 선택이 아니라 필수 사항이다.

"각 사람은 위에 있는 권세들에게 복종하라 권세는 하나님으로부터 나지 않음이 없나니 모든 권세는 다 하나님께서 정하신 바라 그러므로 권세를 거스르는 자는 하나님의 명을 거스름이니 거스르는 자들은 심판을 자취하리라" 롬 13:1-2.

태도 다스리기 30일

위의 말씀에서 "모든 권세"가 언급된다. 먼저 가족 관계로부터, 특히 남편과 아내의 관계로부터 시작하자. 찬찬히 살펴보겠지만, 하나님의 지시는 분명하다.

"아내들이여 자기 남편에게 복종하기를 주께 하듯 하라 이는 남편이 아내의 머리됨이 그리스도께서 교회의 머리됨과 같음이니 그가 바로 몸의 구주시니라 그러므로 교회가 그리스도에게 하듯 아내들도 범사에 자기 남편에게 복종할지니라 남편들아 아내 사랑하기를 그리스도께서 교회를 사랑하시고 그 교회를 위하여 자신을 주심같이 하라 이는 곧 물로 씻어 말씀으로 깨끗하게 하사 거룩하게 하시고" 엡 5:22-26.

배우자 폭력이 우리 사회에 널리 퍼져 있다. 폭력적인 남편, 남성우월주의적인 목사, 아내에게만 책임을 부가하는 상담가가 위의 말씀을 인용함에 따라 많은 아내들이 복종 개념에 등을 돌렸다. 이는 성경을 매우 잘못 적용한 것이다. 주의 깊게 읽어 보면, 아내는 남편에게 복종하고 남편은 그리스도께서 교회를 사랑하셨듯이 희생적으로 아내를 사랑해야 함을 알 수 있다. 이 구절을 아내에 대한 폭력을 정당화하기 위해 사용할 수는 없다.

만일 당신이 반항적인 아내이며 복종 개념을 싫어한다면 이 구절을 의도적으로 거역한 결과가 어떠한지 상기할 필요가 있다.

- 반항적인 아내는 하나님으로부터 남편에게 부여된 리더십 역할을 빼앗는 셈이며, 남편에게 책임 회피의 동기를 제공한다.
- 반항적인 아내는 남편의 분노를 유발할 수 있으며, 이 분노는 냉담함과 거리감으로 이어진다.
- 반항적인 아내는 남편의 자존심을 손상시켜서 폭력을 유발할 수도 있다.

내가 이런 결과들을 정당화하거나 묵인하려는 것은 아니다. 다만 경고적인 권면일 뿐이다. 나는 아버지에게 성폭행 당했던 여성에게 청혼한 어느 남성을 알고 있다. 그 여성은 복종에 대해 매우 부정적인 태도를 보인다. 왜냐하면 어머니의 복종적인 태도가 아버지의 성폭행을 지속시켰기 때문이다. 현재 그 남성은 자신의 청혼을 다시 한 번 생각하고 있다. 그녀가 매우 간단한 부탁도 거절하기 때문이다. 그의 친구들 앞에서 거부당할 때에는 정말 창피했다.

직장에서의 반항도 심각한 결과를 낳을 수 있다. 승진에서 제외되었거나, 무능력한 상사 밑에 배치되었거나, 부당한 대우를 받았다고 느끼더라도 당신은 여전히 복종해야 한다. 많은 회사들에서는 불복종에 대한 해고를 정당하게 여긴다. 적법성이나 개인적인 확신에 저촉되지 않는 한 윗사람의 요청을 거부할 이유가 전혀 없다. 법적이거나 도덕적인 이유에서 거부해야 할 때에도 거부의사를 드러내는 어조에 주의해야 한다.

유대인 포로 다니엘이 부정한 음식을 먹으라는 왕의 지시를 거부할 때 보여 주었던 세심한 처신에 주목하라.

"또 왕이 지정하여 그들에게 왕의 음식과 그가 마시는 포도주에서 날마다 쓸 것을 주어 삼 년을 기르게 하였으니 그 후에 그들은 왕 앞에 서게 될 것이더라······다니엘은 뜻을 정하여 왕의 음식과 그가 마시는 포도주로 자기를 더럽히지 아니하리라 하고 자기를 더럽히지 아니하도록 환관장에게 구하니" 단 1:5, 8.

얼마나 지혜롭고 세심한가! 다니엘은 어떤 상황에서도 왕의 지시를 따르지 않기로 이미 결심했음에도 불구하고 반항적이지 않았다. 그가 겸손하게 부탁한 채식을 할 수 있게 해달라는 요청은 받아들여

졌고, 모든 것이 잘되었다.

복종하지 않는 태도는 아무런 결실도 맺지 못한다(복종하지 않는 부하 직원이 있다면 그 무례한 행동을 새싹 단계에서 잘라내라. 그것을 받아 주면 그 직원이 그런 행동을 계속해도 된다고 생각한다. 그리고 당신은 나머지 직원들과 동료에게서 신임을 잃을 것이다).

당신이 반항적인 아내이든, 종업원이든, 학생이든, 10대이든 하나님은 반항을 미워하고 죄로 여기심을 기억하라. 성경은 우리에게 이렇게 상기시킨다. "순종이 제사보다 낫고 듣는 것이 숫양의 기름보다 나으니 이는 거역하는 것은 점치는 죄와 같고 완고한 것은 사신 우상에게 절하는 죄와 같음이라" 삼상 15:22-23.

당신에게 반항적인 성향이 있다면 그것의 근본적인 원인을 알아내려고 노력하라. 그 원인은 다음과 같은 것일 수도 있다.

- 과거의 고통스러운 시련이나 희생당한 경험
- 무능한 윗사람에 대한 경멸
- 자신의 우월한 실력으로 인한 교만
- 윗사람으로부터의 부당한 대우
- 윗사람의 신실함이나 배려심을 테스트하려는 계략

오늘 당신의 반항적인 태도를 없애도록 노력하라. 반항하고 싶을 때 멈추고 기도하라.

"악한 자는 반역만 힘쓰나니 그러므로 그에게 잔인한 사자가 보냄을 받으리라" 잠 17:11. 당신은 반항 때문에 '벌'을 당한 적이 있는가? 실직, 승진 제외, 배우자나 부모와의 소원해진 관계 등 그런 태도에 대한 대가를 계속 지불하고 싶은가? 선택은 당신의 몫이다.

오늘의 기도 30 Days to a Great Attitude

하나님 아버지, 불순종한 죄를 회개합니다. 모든 권세가 주님으로부터 왔음을, 그 권세를 거역하는 것이 곧 주님을 거역하는 것임을 매일 저에게 상기시켜 주소서. 주님께 늘 순종할 수 있도록 이끌어 주시기를 원합니다. 예수님의 이름으로 기도합니다. 아멘.

이기적인 태도, 이타적인 태도

"가난한 자를 불쌍히 여기는 것은 여호와께 꾸어 드리는 것이니
그의 선행을 그에게 갚아 주시리라" 잠 19:17

"당신은 오늘 쉴 자격이 있습니다."

"자신만을 생각하세요."

"내게 무슨 유익이 있나요?"

인기 있는 이 표현들은 우리 시대의 태도를 대변한다. 어떻게 우리가 자기 만족, 자기 개선, 자기 계발, 방종과 같이 자아 중심의 성향에 초점을 맞추는 지경에 이르게 되었을까? 그에 따라 다른 사람들의 요구와 행복에는 점점 더 관심이 적어지고 있다.

태도 다스리기 30일

물론 우리 모두는 죄 가운데서 태어났고, 따라서 원래부터 자아 중심 성향을 어느 정도 지니고 있다. 또한 우리는 이기적인 성향을 배우기도 한다. 무엇이 또는 누가 당신에게 그것을 가르쳤는가? 그 원인이 무엇인가? 일중독인가? 아니면 당신의 부모인가? 좀처럼 자녀와 함께 시간을 보내지 못하는 부모는 죄책감에서 자녀의 용돈 요구에 제한을 두지 않을 수 있다. 어릴 적에 부모의 사랑을 별로 받아 보지 못해서 자녀의 응석을 모조리 들어주려 하는 사람도 있다. 혹은 그 원인이 이타적인 역할 모델의 결여인가? 아니면 성장한 후에 겪은 사건인가? 순수한 사랑을 배신당하면 다시는 그런 사랑을 하지 않을 것이라고 다짐하는 것을 그 예로 들 수 있겠다.

아니면 매일의 생존에 몰두하느라고 다른 사람의 요구를 생각할 겨를이 없는가? 이기심의 원인은 끝없이 많다. 하지만 이 사실이 우리의 이기심을 정당화해 주지는 않는다. 하나님은 자신의 자녀가 자기 자신을 부인하고 다른 사람들을 섬기며 살기를 기대하신다.

로이는 하나님의 자녀임을 자처하지만 내가 만나 본 가장 이기적인 사람들 중 하나이다. 그의 모든 행동은 그 자신의 유익을 위한 것이다. 간혹 친절을 베풀 때에도 자신에게 돌아올 이득을 늘 생각한다. 그 자신을 부인하는 일은 결코 없을 것이다.

누가 로이를 이렇게 이기적인 사람이 되게 만들었을까? 그의 형제자매들이 막내인 그에게 특별대우를 한 것이 그 원인 중 하나이다. 그의 매력에 빠진 여자 친구들도 한몫을 했다. 그의 어머니를 위해 단 1분을 희생하라고 그에게 한번 부탁해 보라. 그러면 그는 변명을 끝없이 늘어놓을 것이다. 그의 이기심은 아주 견고했다. 이상하게도 그는 늘 부족함에 시달린다. 이기심은 당신을 부족함 속에 가둔다. 그 움켜쥔 손에는 아무것도 들어가지 않는다.

이기심은 쉽게 사라지지 않는다. 하지만 그것은 우리가 삶의 평안과 기쁨을 경험하기 위해 반드시 부숴야 하는 요새이다. 이 부정적인 태도에 대항하기 위해서는 많은 지원이 필요하다. 정당화하려는 우리의 습성이 변화 욕구를 훼방할 것이기 때문이다. 다음과 같은 계획을 세워 보자.

- 누군가로 하여금 당신의 진전 과정을 살피게 하라.
- 당신의 시간이나 재능을 가치 있는 일에 쓸 기회를 찾아보라. 다른 사람들의 곤경에 공감할 수 있도록 가까이 다가갈 필요가 있다.

내가 미국 월드비전과 함께 애팔래치아 산맥 지역으로 견학 여행을 떠나기 전에는, 미국 내의 비참한 가난에 대해 별로 자각하지 못했었다. 거기서 나는 바닥 청소용 걸레와 같은 기본적인 생활용품을 얻기 위해 기도한다고 말하는 여성들을 만났다. 마음이 몹시 아팠다. 만일 내가 그들에 관한 글을 읽고 후원금을 보내는 데서 그쳤다면 그토록 절실한 느낌을 받지는 않았을 것이다. 궁핍한 상황을 직접 보면 공감의 깊이가 더해지고 관대한 마음이 생긴다.

- 당신이 정말 좋아하는 것을 기부하라 이것은 당신의 자녀를 위해서도 좋은 도전이다. 당신의 목표는 어떤 것에 대한 감정적 집착을 매일 끊기 시작하는 것이다. 자신을 위해서만 점점 더 많이 쌓지 말라. 예수님의 비유에 나오는 부자 농부의 비극적 결말을 기억하라 눅 12:16-21. 그는 넘치는 수확물을 다른 사람들에게 나눠 줄 생각을 하지 않고 광을 더 크게 짓고, 즐거이 먹고 마실 계획만 세웠다. 바로 그날에 하나님이 그의 목숨을 취하셨다.
- 익명의 자선 활동으로 나아가라. 노인, 어려운 학생, 편부모 등에게 현금 봉투를 몰래 전하라. 거기다 당신의 이름을 적지 말고 아무에게도 말하지 말라. 소득세 신고 때 이것을 공제할 수는 없다. 그러나 하나님이 적절한 시기에 그것을 돌려주실 것이다.

"가난한 자를 불쌍히 여기는 것은 여호와께 꾸어 드리는 것이니 그의 선행을 그에게 갚아 주시리라" 잠 19:17.

잡지사 '포브스'의 설립자인 B. C. 포브스는 이기심에 대해 이렇게 말했다. "나는 생의 막바지에 이르러 선행을 베푼 사실을 후회한 사람에 대해서는 한 번도 들어본 적이 없다. 반면에 이기적으로 살았던 삶을 괴로워하는 사람들은 너무나 많다."[8] 이타심에 대한 부탁이 자신을 돌보는 일을 포기하라는 뜻은 아니다. 자신의 건강을 해치면서까지 타인을 위해 희생했다가 나중에 후회하지 않도록 주의해야 한다. 때로는 어떤 부탁에 대해 거부 의사를 밝힐 필요가 있다. 중요한 것은 순수한 사랑의 마음과 지혜에서 나오는 결정이다.

오늘의 기도 30 Days to a Great Attitude

하나님 아버지, 저에게 베푸신 모든 것들에 대해 감사드립니다. 이 축복이 주님으로부터 왔음을, 그리고 이것을 나 자신만을 위해 사용하지 않고 주님의 영광을 위해 다른 사람들과 나눠야 한다는 사실을 늘 기억하게 해주소서. 예수님의 이름으로 기도합니다. 아멘.

---

[8] http://www.brainyquote.com/quotes/authors/b/b_c_forbes.html (2009년 4월 17일 접속).

대충하는 태도,
탁월함을 추구하는 태도

"네가 자기의 일에 능숙한 사람을 보았느냐 이러한 사람은 왕 앞에 설 것이요 천한 자 앞에 서지 아니하리라" 잠 22:29

가정부는 책꽂이 가장자리를 먼지 묻은 천으로 슬쩍 닦았다. 그러나 책꽂이 아래의 지저분한 바닥은 닦지 않았다. '이 정도면 됐어.' 하고 생각하면서 다음 일을 했다.

그날 저녁에 집주인이 책을 읽으려고 앉았다가 우연히 실수로 책꽂이를 넘어뜨렸다. 책을 다시 꽂아 넣기 시작했을 때 먼지 덮인 부분이 눈에 들어왔다. "깔끔한 사람을 찾기 힘들군." 하고 그녀는 체념의 한숨을 쉬었다. 이렇듯 평범한 정도를 추구하는 태도는 우리 사회에서 표준이 되었다.

반면에 오늘 아침에 내가 한 병원 건물로 들어섰을 때 탁월함을 강조하는 간판들이 여기저기 걸려 있었다. 보안요원부터 시작해서 엑스레이 기술자, 간호사, 마취과 의사에 이르기까지 모두들 탁월한 업무 수행과 환자의 만족을 추구하려는 의지로 가득했다. 내가 다녀 본 다른 몇몇 병원들의 모습과는 너무나 대조적이었다.

당신은 특정한 일들에 대해 평범하려고 노력하는가? 만일 그렇다면 당신에게 봉사하는 자들이 "이 정도면 됐어."라는 식일 경우에 당신이 얼마나 실망할지를 생각해 보라. 레스토랑 웨이터가 설익은 음식을 가져오고 음료수를 더러운 컵에 담아 온다면 어떻겠는가? 사무보조원이 서류를 수정할 경우에 다시 입력하여 인쇄하지 않고 손으로 대충 교정하고 만다면 어떻게 될까? 다른 사람의 행동에 대해 생각할 때는 그 어설픈 모습이 쉽게 그려진다.

이제 당신 자신의 행동을 거울에 비춰 보라. 당신의 행동이나 과제나 임무 수행에 있어 "이 정도면 됐어." 식의 사고방식으로 접근했던 적이 있는가? 이러한 태도를 극복하고 싶다면 아래의 전략들을 활용하기 바란다.

- 탁월함을 보이지 못했던 영역들을 인정하라. 삶의 새로운 표준을 세울 수 있도록 당신의 생각을 바꿔 주실 것을 기도하라.
- 완벽주의보다는 탁월함을 추구하라. 완벽주의는 흠이 없으려는 욕구이다. 완벽주의를 추구하는 경우 그 영광을 당신과 당신의 노력에게로 돌리게 된다. 완벽주의를 추구하는 것을 피하라. 탁월함은 목표 달성을 위해 최선을 다하는 것이다.
- 탁월함은 시간과 여분의 노력을 필요로 함을 기억하라. 탁월함은 평균 수준을 넘어서야 한다는 뜻을 내포한다.

한때 모든 일을 대충하는 성향을 지닌 회계원을 한 명을 고용한 적이 있다. 나는 그녀의 은행계정 조정표들을 재검토하기가 두려웠다. 기발행 미지급수표나 회사의 적립금을 몇 달 동안 검토하지 않고 방치하곤 했다. 또한 내가 어느 대학에서 회계학을 가르쳤을 때 어떤 학생들은 문제 해결 기술만 배울 뿐 그 해결책 이면에 있는 이론을 이해하려고 하지 않았다.

나는 가정의 일부 허드렛일을 대충하려는 성향이 있다. 벽에 걸린 사진을 바꿀 때 원래 사진 자리의 먼지를 털지도 않고 새 그림을 건다. 나중에 청소할 생각에서이다. 깔끔한 성격인 남편은 사진 액자는 물론이고 벽면도 깨끗이 닦을 것을 주장하지만 내게는 그렇게 하는 것이 시간 낭비처럼 보인다.

일을 대충하는 사람이나 탁월해지려는 당신의 노력에 콧방귀를 뀌는 사람을 피하라. 과연 그들은 당신이 바라는 결과를 얻고 있을까?

나는 대표이사가 자주 출장을 다니거나 거의 사무실을 비우는 회사들에서 일한 적이 있다. "고양이가 없으면 쥐들이 설친다."는 옛 속담이 딱 맞는 말이었다. 그럴 때면 같이 일하는 동료는 "회사에 충성할 필요는 없어.", "너무 열심히 일하기에는 인생이 너무 짧아.", "사무실에 틀어박혀 있기에는 날씨가 너무 좋아."라고 말하며 자신을 정당화했다. 나는 잠자코 일에 몰두했다.

또한 나는 개인적인 삶에 있어서도 경계심을 늦추지 않았다. 결혼한 여자로서는 특히 그랬다. 내 주위에는 독신으로 지내는 친구들이 몇 명 있다. 그들은 결혼생활의 열정을 유지하려는 나의 노력을 보면서 "넌 네 남편을 함정에 빠뜨렸어. 왜 그런 식으로 사니?"라며 비웃는다. 나는 그런 말을 무시한다. 결혼생활 30년이 지난 지금도 여전히 남편과 나는 퇴근하면 서로 입맞춤을 한다. 차를 탈 때면 남편이 언제나 내게 문을 열어 준다.

아리스토텔레스는 "우리가 반복적으로 하는 일이 결국 우리 자신이 된다. 따라서 탁월함은 행동이 아니라 습관이다."라고 말했다.

자신의 분야에서 탁월함을 보였던 사람들의 삶을 연구하거나 관찰하라. 그들의 습관을 배우며 본받으라. 지금 바로 시작할 수 있다. 당신이 감탄할 만한 탁월성을 지닌 사람에 대해 생각하라. 본받고 싶은 그의 특성이나 습관에 주목하라 강한 집중력, 반대에도 굴하지 않는 인내심 등. 탁월함에 대한 하나님의 상급을 이해하라.

"네가 자기의 일에 능숙한 사람을 보았느냐 이러한 사람은 왕 앞에 설 것이요 천한 자 앞에 서지 아니하리라" 잠 22:29.

아랫사람의 대충하려는 성향을 용납하지 말라. 압제자가 되라는 뜻은 아니다. 다만 높은 기준을 설정하고, 자신이 본을 보이라는 뜻이다. 아랫사람들이 그 기준에 도달하지 못할 때에는 당신이 직접 나서서 적절한 결과에 이르도록 이끄는 용기도 지녀야 한다. 그럴 때 자부심이 커지고 다른 사람들로부터 더욱 존경받을 것이다.

모든 일을 시도할 때 하나님의 요청에 따르는 마음으로 임하라.

"눈에서 멀어지면 마음에서도 멀어진다."는 말이 하나님께는 적용되지 않는다. 그분은 우리의 모든 행동을 살피신다. "무슨 일을 하든지 마음을 다하여 주께 하듯 하고 사람에게 하듯 하지 말라 이는 기업의 상을 주께 받을 줄 아나니 너희는 주 그리스도를 섬기느니라"골 3:23-24. 사장이 주변에 없을 때 부지런히 일하는 것도 바로 이 때문이다.

오늘의 기도 30 Days to a Great Attitude

"여호와 우리 주여 주의 이름이 온 땅에 어찌 그리 아름다운지요 주의 영광이 하늘을 덮었나이다"시 8:1. 매사에 탁월해지려는 마음을 갖게 해주시기를 원합니다. 모든 일을 사람에게가 아니라 주께 하듯이 할 수 있도록 도와주소서. 예수님의 이름으로 기도합니다. 아멘.

통제하는 태도, 배려하는 태도

"그의 아내 이세벨이 그에게 이르되 왕이 지금 이스라엘 나라를 다스리시나이까 일어나 식사를 하시고 마음을 즐겁게 하소서 내가 이스르엘 사람 나봇의 포도원을 왕께 드리리이다 하고" 왕상 21:7

자신이 통제하는 태도를 갖고 있음을 순순히 인정하는 사람은 드물다. 우리는 그것이 해로운 사고방식임을 알고 있다. 그래서 대체로 이 표현을 '완벽주의'니, '결단력'이니, '강한 성격'이니 하는 귀에 덜 거슬리는 말로 표현하곤 한다.

자신이 그런 태도를 지녔는지 알아보고 싶다면 다음 질문들에 대해 과감하게 솔직히 말하라. 그러면 곧 치유의 길에 들어서게 될 것이다.

❶ 사람들이 당신의 바람대로 행동하지 않을 때 당신은 언짢아지거나 짜증나는가?

❷ 잘못을 지적당할 때 다른 사람들을 비난하는가?

❸ 다른 사람들에게 당신의 완벽주의를 따르게 하거나 더 열심히 일하도록 강요하여 스트레스를 받게 하는가?

❹ 누군가의 결정을 조종하기 위해서나, 그의 관심이나 동정을 얻기 위해 당신은 좌절하거나 아픈 척하는가?

❺ 다른 사람들의 의견이나 선택을 비판함으로써 당신의 우월성을 과시하는가?

❻ 누군가가 당신의 의견에 동의하지 않거나 당신의 권위에 도전할 때 불안해지거나 폭력적인 모습을 보이는가?

❼ 당신은 다른 사람을 좀처럼 칭찬하지 않으며, 대체로 그들의 잘못을 바로잡아 주려 하는가?

❽ 누군가에게 "난 당신이 필요합니다."라고 말하기가 힘든가?

❾ 당신은 배우자, 친구, 친척, 직장 동료 사이에서 문제를 일으키거나 거리감을 조성하는 경향이 있는가?

❿ 종업원, 웨이터, 친구, 배우자에게 명령조로 지시하는가?

나는 심리학자도 아니고, 위의 내용이 과학적인 테스트인 것도 아닙니다. 하지만 당신은 이 질문들을 통해 자신의 행동에 대해 어느 정도 판단을 내릴 수 있을 것이다. 당신이 '그렇다'로 대답한 내용이 두세 가지일 뿐이라도 통제하는 태도를 지니고 있는 셈이다. 당신의 행동이 다른 사람들에게 어떤 영향을 미치는지 생각해 본 적이 있는가? 생각해 본 적이 없다면 다음 사례를 참조하라. 다음 내용은 통제하는 태도를 가진 친구에 대해 인내력의 한계에 도달했던 한 여성으로부터 오늘 내가 받은 이메일의 일부이다.

제 친구와 저는 성경협의회 때문에 한 모텔에서 함께 머물렀어요. 저희는 금연실에 들어갔는데, 친구는 담배를 피웠어요. 친구는 매우 강압적이고 통제적인 사람이에요. 제가 제재를 해야 했지만 그러지 않았죠. 결국 모텔 측에서는 저에게 150달러의 벌금을 물라고 했답니다. 더욱이 그 주간 내내 친구가 사사건건 저에게 간섭했어요. 저는 말다툼하기 싫어서 입을 꾹 닫고 있었죠. 그리고 제가 따지려고 하면 친구는 몹시 화를 냈어요. 분명히 선을 긋기가 힘들 것 같아요. 제발 저를 도와주세요!

이 이메일을 읽었을 때 핵심 문구가 바로 눈에 띄었다. "친구는 매우 강압적이고 통제적인 사람이에요.", "분명히 선을 긋기가 힘들 것 같아요." 글쓴이는 알아채지 못했겠지만 그녀 스스로가 해결책을 제시했다. 통제하는 태도를 가진 사람이 활개를 치는 것은 주변인들이 분명한 선 긋기를 두려워하기 때문이다. 그래서 그가 불도저처럼 밀어붙이는 것이다.

아이러니하게도 통제하는 태도를 가진 사람들은 통제하지 못하게 되는 상황을 몹시 두려워한다. 인간관계 전문가인 조슈아 위버강은 이렇게 설명한다.

그들에게는 자존감과 품위를 생각하며 사람을 대하기보다는 상대방을 통제하는 것을 더 쉽게 여긴다. 그들에게는 통제하는 태도가 에너지와 시간을 절감해 준다. 그들은 다른 사람의 삶을 지배하고 싶어 하며, 마치 전능하신 하나님처럼 행동하려 든다. 그리고 지시받기보다는 지시하는 데 익숙하다.[9]

---

9) Joshua Uebergang, "Dealing with Controlling People," www.free-relationship-advice.org/2007/dealing-with-controlling-people.php(2009년 4월 7일 접속).

이스라엘 왕 아합의 사악한 아내 이세벨은 극단적인 통제자였다. "제24일 뚱한 태도, 표현하는 태도"에서 보았듯이, 아합은 왕궁 근처의 포도원을 구입하여 채소밭으로 만들고 싶었다. 그러나 땅주인 나봇은 팔지 않으려 했다. 그 얘기를 들은 이세벨은 나봇의 결정을 깡그리 무시했다. 그리고 나봇을 모함하여 돌에 맞아 죽게 했다.

"그의 아내 이세벨이 그에게 이르되 왕이 지금 이스라엘 나라를 다스리시나이까 일어나 식사를 하시고 마음을 즐겁게 하소서 내가 이스르엘 사람 나봇의 포도원을 왕께 드리리이다 하고 아합의 이름으로 편지들을 쓰고 그 인을 치고 봉하여 그의 성읍에서 나봇과 함께 사는 장로와 귀족들에게 보내니 그 편지 사연에 이르기를 금식을 선포하고 나봇을 백성 가운데에 높이 앉힌 후에 불량자 두 사람을 그의 앞에 마주 앉히고 그에게 대하여 증거하기를 네가 하나님과 왕을 저주하였다 하게 하고 곧 그를 끌고 나가서 돌로 쳐죽이라 하였더라 그의 성읍 사람 곧 그의 성읍에 사는 장로와 귀족들이 이세벨의 지시 곧 그가 자기들에게 보낸 편지에 쓴 대로 하여……이세벨이 나봇이 돌에 맞아 죽었다 함을 듣고 이세벨이 아합에게 이르되 일어나 그 이스르엘 사람 나봇이 돈으로 바꾸어 주기를 싫어하던 나봇의 포도원을 차지하소서 나봇이 살아 있지 아니하고 죽었나이다" 왕상 21:7-11, 15.

당신이 통제하는 사람이라면 이제 행동을 취할 때이다. 당신의 통제하고 있는 대상을 생각해 보라. 만일 당신이 그들의 선택을 존중한다면 당신이 두려워할 일이 있겠는가? 두려움과 위협만이 그 관계를 유지하는 유일한 길이겠는가? 냉담하기보다는 자상하게 배려할 때 그들의 참된 사랑을 얻지 않겠는가? 통제하는 행동을 유발하는 근본 원인을 찾기 위해 상담을 받아 볼 생각은 없는가?

다음 한 주 동안 누구에 대해서도 판단하거나 그의 선택권을 빼앗지 않도록 노력하라. 심지어 하나님도 사람들에게 선택의 자유를 허락하심을 기억하라. 당신의 통제하는 태도가 통제될 때까지 이 도전을 계속하라.

만일 당신이 통제자로 인해 고통당하는 사람이라면 당신의 자존감과 정서적 행복을 지키기 위해 그를 멀리하라. 당신이 묵인하면 그는 자신의 행동을 당신이 받아들이는 것으로 여긴다. 만일 당신의 배우자가 통제자라면 건강한 한계선을 그을 수 있는 용기를 하나님께 구하라.

오늘의 기도 30 Days to a Great Attitude

하나님 아버지, 이제 저는 이 해로운 태도를 주의 제단에 올립니다. 다른 사람들을 통제하게 만드는 두려움으로부터 저를 구해 주소서. 주님의 사랑으로 사람들을 사랑하도록 도와주소서. 주님의 도우심 없이는 할 수 없습니다. 예수님의 이름으로 기도합니다. 아멘.

에 | 필 | 로 | 그

당신의 태도, 당신의 선택

"태도가 전부이다."라는 말은 진부한 말로 들린다. 하지만 이 말이 친숙하다고 해서 그 진실성과 적절성이 경감되는 것은 아니다.

오스트리아의 정신과의사이며 나치 포로수용소 생존자인 빅터 프랭클 박사는 태도와 관련하여 내가 정말 존경하는 사람이다. 그는 포로생활의 공포에 대하여 이렇게 설명했다.

어떤 수감자가 수용소 생활의 현실을 더 이상 견딜 수 없다고 느끼면, 그는 정신적인 삶 속에서 돌파구를 찾았다. 그것은 나치 친위대도 파괴시키지 못하는 영적인 영역이었다. 영적 삶이 그 수감자를 강화시켰고, 수감 생활에 적응하도록 도왔다. 그리고 생존 가능성도 높여 주었다.[10]

비록 당신이 신체적으로, 재정적으로, 감정적으로 준비되어 있지

---

10) Viktor E. Frankl, *Man's Search for Meaning* (New York: Washington Square Press, 1997), p. 123.

않더라도 강한 믿음은 삶의 불가피한 문제와 실망스러운 일들에 대처하게 해준다.

좋은 태도를 유지하는 가장 효과적인 방법은 신앙적인 인생관을 굳게 붙드는 것이다. 모든 부정적인 경험을 하나님의 말씀에 비추어 이해해야 한다. 특정한 상황에 적합한 말씀을 찾기 힘들면 로마서 8:28을 묵상하라. "우리가 알거니와 하나님을 사랑하는 자 곧 그의 뜻대로 부르심을 입은 자들에게는 모든 것이 합력하여 선을 이루느니라."

나는 이 말씀을 하루에 몇 번이고 암송한다. 심지어 어제 차고에서 뛰어가다 내가 가장 아끼는 옷이 돌출된 쇠붙이에 찢겼을 때에도 그렇게 했다. 처음에는 화가 났다. 약간 조급해하며 차 안에서 기다리고 있던 남편과 그런 일이 일어나도록 허락하신 하나님께 화가 났다. 하지만 마음을 가라앉히고 본서에서 적은 내용들을 실천해 보기로 결심했다.

숨을 깊게 들이쉬면서 나 자신에게 말했다. '좋아, 몇 분 동안이나마 부정적인 생각을 이 상황과 전혀 결부시키지 말아야겠어. 현실만 받아들이자. 옷은 수선할 수 없을 정도로 이미 망가졌어. 부정적인 태도를 갖는다고 해서 이 상황을 변화시키지는 못해. 다리를 다치지 않았으니 그나마 다행이잖아. 게다가 이것 때문에 지체되어서 어떤 재난을 피할 수 있게 될지 누가 알겠어.'

나의 내면 상태가 놀랍게 느껴졌다. 남편을 비난하지도, 옷이 찢긴 것을 한탄하지도 않았다. 아무리 실망스러운 일에도 담담히 대처하기로 결심하자 마음의 동요가 크게 완화되었다. 정말 효과가 대단하다는 생각이 들었다.

삶의 모든 영역에서 잘못된 태도를 허용하지 말라. 본서에서 언급된 30가지 태도 중 어느 것을 감지하든 언제나 이렇게 스스로 물어보라. "이런 사고방식을 어쩌다가 갖게 되었지?", "이 태도가 내 삶과 인간관계에 어떤 영향을 미치고 있을까?", "하나님은 이 태도에 대해 어떻게 말씀하시는가?" 또한 당신의 말로 부정적인 성향을 강화시키지 않도록 주의해야 하다. 두려움보다는 믿음을 표현하라. "이것은 내게 방해가 될 뿐이야. 나는 결코 목표를 이룰 수 없어."라고 말하기보다는 "난 하나님과 동행하기 때문에 그분의 은혜가 방패처럼 나를 지키실 것이다."라고 말하려고 노력하라 시 5:12 참조.

모든 사람들로부터 가장 좋은 것을 기대하라. 하지만 사람들이 당신의 기대를 만족시키지 않더라도 화내지는 말라. 그들을 용납하라. 그 누구도 완벽하지 않다. 당신을 기쁘게 하는 이들에 대해 감사하라. 다른 사람들을 사심 없이 섬기는 사람들 가운데 포함되도록 노력하라. 대중잡지의 앞 페이지에서 그들의 사진을 찾기는 힘들겠지만 그들은 분명히 존재한다.

모든 상황에서 좋은 태도를 나타내기로 결심할 때 당신은 '진정한' 본보기를 필요로 하는 사람들과 마주칠 것이다. 보복하거나 비판하거나 성급해지려 할 때 이 사실을 기억하라. "하나님의 영광을 위해 좋은 태도의 본을 보일 기회이다."라고 스스로에게 말하라.

인기 있는 목사이자 라디오방송 교사인 찰스 R. 스윈돌은 본서의 메시지를 이렇게 요약한다.

> 매일 실행할 수 있는 가장 의미심장한 결단은 태도 선택이라고 나는 믿는다. 그것은 나의 과거, 교육, 수중의 돈, 나의 성공이나 실패, 명성이나 고통, 나에 대한 다른 사람들의 말이나 생각, 나의 상황, 나의 지위보다 더 중요하다. 태도는 거침없이 계속 나아가게도 하고 절뚝거리게도 한다. 추진력을 더하게도 하고 소망을 끊기도 한다. 나의 태도가 올바를 때 너무 높은 장벽이나 너무 깊은 골짜기나 이루지 못할 꿈이나 감당할 수 없는 도전이란 존재하지 않는다.[11]

---

11) Charles R. Swindoll, *Strengthening Your Grip* (Waco, TX: Word Books, 1982), p. 207.

태도에 관한 명언
태도를 바로잡아 주는 성경 말씀

태 | 도 | 다 | 스 | 리 | 기 | 30 | 일

부록

30 Days to a Great Attitude

태도에 관한 명언

"한 인간에게서 모든 것을 빼앗아 갈 수 있지만, 단 한 가지 자유는 빼앗아 갈 수 없다. 그 자유는 어떤 상황에 놓이더라도 삶에 대한 태도만큼은 자신이 선택할 수 있는 자유이다."_빅터 프랭클

"비관론자는 기회를 역경으로 만드는 사람이고, 낙관론자는 역경을 기회로 만드는 사람이다."_해리 S. 트루먼

"태도는 작은 것이지만 큰 영향을 미친다."_윈스턴 처칠

"감사하는 태도는 우리가 습득할 수 있는 모든 태도들 중에 가장 중요하며 삶을 가장 잘 변화시키는 태도이다."_지그 지글러

"내가 무엇인가를 할 수 없다고 믿으면 그것이 나를 할 수 없게 만든다. 그러나 내가 할 수 있다고 믿으면 설령 처음에는 할 수 있는 능력을 갖지 못했다 하더라도 그것을 할 수 있는 능력이 생긴다."_마하트마 간디

"태도는 생각의 습관이며, 습관은 후천적으로 습득되는 것이다. 반복되는 행동은 태도를 만들어 낸다."_폴 마이어

"당신이 무엇인가를 잘하면 그것을 본 사람이 다시 보러 오고 싶을 것이다……그리고 다른 사람들까지 데리고 올 것이다." _월트 디즈니

"행복한 사람은 특별한 환경에 놓인 사람이 아니라 특별한 태도를 지닌 사람이다." _휴 다운즈

"일을 가장 잘 풀어 나가는 사람이 하는 일은 가장 잘 풀리기 마련이다." _아트 링클레터

"흐린 날은 화창한 성향의 적수가 되지 못한다." _윌리엄 아더 워드

"자애로운 사람은 자애로운 세상에서 산다. 적대적인 사람은 적대적인 세상에서 산다. 당신이 만나는 모든 사람은 당신의 거울이다." _켄 키즈 Jr.

"건강한 태도는 전염성이 있지만 다른 사람에 의해 옮겨지지 않는다. 당신이 보균자가 되라." _톰 스토파드

"생각의 틀이 좋으면 건강한 삶을 유지하는 데 도움이 된다." _저자 미상

"우리를 행복하게 하는 것은 지위가 아니라 성향이다." _저자 미상

30 Days to a Great Attitude

태도를 바로잡아 주는 성경 말씀

"항상 기뻐하라 쉬지 말고 기도하라 범사에 감사하라 이것이 그리스도 예수 안에서 너희를 향하신 하나님의 뜻이니라" 살전 5:16-18.

"우리가 알거니와 하나님을 사랑하는 자 곧 그의 뜻대로 부르심을 입은 자들에게는 모든 것이 합력하여 선을 이루느니라" 롬 8:28.

"우리가 잠시 받는 환난의 경한 것이 지극히 크고 영원한 영광의 중한 것을 우리에게 이루게 함이니" 고후 4:17.

"이는 내 생각이 너희의 생각과 다르며 내 길은 너희의 길과 다름이니라 여호와의 말씀이니라 이는 하늘이 땅보다 높음같이 내 길은 너희의 길보다 높으며 내 생각은 너희의 생각보다 높음이니라" 사 55:8-9.

"그를 향하여 우리가 가진 바 담대함이 이것이니 그의 뜻대로 무엇을 구하면 들으심이라 우리가 무엇이든지 구하는 바를 들으시는 줄을 안즉 우리가 그에게 구한 그것을 얻은 줄을 또한 아느니라" 요일 5:14-15.

"여호와의 말씀이니라 너희를 향한 나의 생각을 내가 아나니 평안이요 재앙이 아니니라 너희에게 미래와 희망을 주는 것이니라" 렘 29:11.

"사랑하는 자들아 너희를 연단하려고 오는 불 시험을 이상한 일 당하는 것같이 이상히 여기지 말고 오히려 너희가 그리스도의 고난에 참여하는 것으로 즐거워하라 이는 그의 영광을 나타내실 때에 너희로 즐거워하고 기뻐하게 하려 함이라" 벧전 4:12-13.

"여호와의 인자와 긍휼이 무궁하시므로 우리가 진멸되지 아니함이니이다 이것들이 아침마다 새로우니 주의 성실하심이 크시도소이다" 애 3:22-23.

"생명을 사모하고 연수를 사랑하여 복 받기를 원하는 사람이 누구뇨 네 혀를 악에서 금하며 네 입술을 거짓말에서 금할지어다 악을 버리고 선을 행하며 화평을 찾아 따를지어다……의인은 고난이 많으나 여호와께서 그의 모든 고난에서 건지시는도다" 시 34:12-14, 19.

부록 2

생명의말씀사

사 | 명 | 선 | 언 | 문

> 너희가 흠이 없고 순전하여……세상에서 그들 가운데 빛들로
> 나타내며 **생명의 말씀을 밝혀** (빌 2:15-16)

1. 생명을 담겠습니다.
만드는 책에 주님 주신 생명을 담겠습니다.
그 책으로 복음을 선포하겠습니다.

2. 말씀을 밝히겠습니다.
생명의 근본은 말씀입니다.
말씀을 밝혀 성도와 교회의 성장을 돕겠습니다.

3. 빛이 되겠습니다.
시대와 영혼의 어두움을 밝혀 주님 앞으로 이끄는
빛이 되는 책을 만들겠습니다.

4. 순전히 행하겠습니다.
책을 만들고 전하는 일과 경영하는 일에 부끄러움이 없는
정직함으로 행하겠습니다.

5. 끝까지 전파하겠습니다.
모든 사람에게, 땅 끝까지, 주님 오시는 그날까지
복음을 전하는 사명을 다하겠습니다.

생명의말씀사 서점안내

광화문점 110-061 종로구 신문로1가 58-1 구세군 회관 2층
　　　　　　TEL. (02) 737-2288 / FAX. (02) 737-4623

강 남 점 137-909 서초구 잠원동 75-19 반포쇼핑타운 3동 2층 전관
　　　　　　TEL. (02) 595-1211 / FAX. (02) 595-3549

구 로 점 152-880 구로구 구로 3동 1123-1 3층
　　　　　　TEL. (02) 858-8744 / FAX. (02) 838-0653

노 원 점 139-200 노원구 상계동 749-4 삼봉빌딩 지하1층
　　　　　　TEL. (02) 938-7979 / FAX. (02) 3391-6169

분 당 점 463-824 경기도 성남시 분당구 서현동 269-5 서원프라자 서현문고 서관 4층
　　　　　　TEL. (031) 707-5566 / FAX. (031) 707-4999

신 촌 점 121-806 마포구 노고산동 107-1 동인빌딩 8층
　　　　　　TEL. (02) 702-1411 / FAX. (02) 702-3131

일 산 점 411-370 경기도 고양시 일산구 주엽동 83번지 레이크타운 지하1층
　　　　　　TEL. (031) 916-8787 / FAX. (031) 916-8788

의정부점 484-010 경기도 의정부시 금오동 470-4 성산타워 3층
　　　　　　TEL. (031) 845-0600 / FAX. (031) 852-6930

인터넷서점
http://www.lifebook.co.kr